职业教育无人机专业"十四五"规划教材
职业教育无人机领域精品教材

无人机法律法规与飞行安全

主　编　曹　敏　曾欢欢
副主编　言　杰　卢思颖　张小辛
　　　　王　军　王　涛

华中科技大学出版社
中国·武汉

内 容 简 介

本书按照无人机职业教育特点,以培养高专实践型人才为目标,在总结近年来教学改革与无人机行业应用发展实践的基础上,参照当前有关技术标准编写而成。

全书内容围绕飞行安全展开,从依法合规飞行,到无人机航拍、无人机测绘及无人机植保等主流行业应用全方位阐述如何保障无人机安全作业飞行。

本书可作为中高等职业院校无人机专业课程、无人机驾驶职业技能培养的教材,也可供无人机行业作业人员及兴趣爱好者参考。

图书在版编目(CIP)数据

无人机法律法规与飞行安全 / 曹敏,曾欢欢主编. --武汉:华中科技大学出版社,2024.8. --(职业教育无人机专业"十四五"规划教材). -- ISBN 978-7-5772-1170-1

Ⅰ. D922.296;V279

中国国家版本馆 CIP 数据核字第 2024U647E2 号

无人机法律法规与飞行安全   曹 敏 曾欢欢 主编
Wurenji Falü Fagui yu Feixing Anquan

策划编辑:余伯仲
责任编辑:杨赛君
封面设计:廖亚萍
责任监印:朱 玢
出版发行:华中科技大学出版社(中国·武汉)   电话:(027)81321913
          武汉市东湖新技术开发区华工科技园   邮编:430223
录   排:武汉三月禾文化传播有限公司
印   刷:武汉科源印刷设计有限公司
开   本:787mm×1092mm   1/16
印   张:12.25
字   数:283 千字
版   次:2024 年 8 月第 1 版第 1 次印刷
定   价:39.80 元

本书若有印装质量问题,请向出版社营销中心调换
全国免费服务热线:400-6679-118   竭诚为您服务
版权所有   侵权必究

职业教育无人机专业"十四五"规划教材
职业教育无人机领域精品教材

编写委员会

主　任　曹　敏　曾欢欢

副主任　卢思颖　陈雯雯　曹佐卿　言　杰　王　军
　　　　　王　涛　张小辛　刘许生　陈鹏慧　彭　文
　　　　　戴震军　吴鹏程　黄飞宇　陈　波　冯　双

委　员　刘桂香　姜雨彤　陈善琪　张　帆　张　燕
　　　　　蔡　巧　徐智鑫　孙瑞遥　张　豪　罗　劲
　　　　　王重九　何　睿　李江勇　董祎璜　肖　钰
　　　　　梁雨霁　陈　媛　钟杭君　王　成　李　盛
　　　　　喻帅宇　徐宏宇　黄　喆　邓联坤　周炯宇
　　　　　张作欣　李　嶷　曹晴宇　王建超　琚俊杰

前　　言

自全球首款航拍一体无人机问世以来，无人机的应用已从最初的航拍发展到测绘、植保、安防、巡检等多个场景，并在发展过程中，逐步向科技化、智能化、集群化等方向转变，助力社会效力的指数式提升。

为了规范无人驾驶航空器飞行以及其他有关活动，促进无人驾驶航空器产业健康有序发展，维护航空安全、公共安全、国家安全，国务院、中央军委公布的《无人驾驶航空器飞行管理暂行条例》自 2024 年 1 月 1 日起施行。该条例从无人机类型、生产、经营等，以及不同监管部门和指引流程方面都作了全方位的说明，正式将无人机行业发展推入新纪元。

2020 年，《无人机驾驶职业技能等级标准》发布。2021 年，教育部印发《职业教育专业目录(2021 年)》，将无人机操控与维护列入我国中等职业教育专业，无人机应用技术列入我国高等职业教育专业。新产业对应的新专业、新技能人才已实施标准化、规模化发展。

为了满足新形势下无人机行业人才高素质技能型的培养要求，在总结近年来无人机行业发展过程导向人才教学实践的基础上，来自湖南省的相关标准制定单位、行业企业从业者、院校专业老师等人员综合各方力量编写了本书。

本书在内容的选择上与行业及企业对人才的需求紧密结合，力求满足学科、教学和社会三方面的需求；同时，根据无人机相关专业或职业技能培养目标和学生就业岗位实际，在广泛调研的基础上，以无人机主流行业典型应用为教学载体，并以工作过程为导向，全方位阐述无人机飞行安全知识。

本书具有以下特点：

1. 以最新产品、最新法规及最新作业标准为基础；
2. 以飞行安全为核心，从法规到飞行作业操作进行全方位阐述；
3. 操作指导性强，图文并茂，通俗易懂。

本书由曹敏、曾欢欢担任主编，由航拍摄影师言杰、长沙航天学校卢思颖、湖南沃享飞智能科技有限公司张小辛、湖南林科达信息科技有限公司王军、湖南鸿飞智能科技有限公司王涛担任副主编，湖南工程职业技术学院、湖南信息职业技术学院、湖南交通职业技术学院、湖南水利水电职业技术学院相关老师也参与了本书的编写工作，在此表示感谢。

本书的编写得到了中国民航飞行员协会无人机管理办公室相关领导的亲切指导，以及各参编院校领导的大力支持，在此表示衷心的感谢。

本书可作为中高等职业院校无人机专业及近航空类专业课程或无人机驾驶职业技能培养的教材，也可供企业无人机飞行作业人员参考。

由于无人机技术尚在发展之中，且编者水平有限，书中定有错讹和不足之处，恳请广大读者批评指正。

编　者
2024 年 3 月

目　　录

第1章　概述 ……………………………………………………………………（1）

　　1.1　无人机的发展历程 ………………………………………………………（2）

　　　　1.1.1　无人机的起源 ……………………………………………………（2）

　　　　1.1.2　无人机的展望 ……………………………………………………（6）

　　1.2　无人机的分类 ……………………………………………………………（8）

　　　　1.2.1　按飞行平台构型分类 ……………………………………………（8）

　　　　1.2.2　按用途分类 ………………………………………………………（9）

　　　　1.2.3　其他分类方式 ……………………………………………………（10）

　　1.3　无人机的应用 ……………………………………………………………（12）

第2章　无人机运行管理相关法律法规 ……………………………………（17）

　　2.1　空域概述 …………………………………………………………………（18）

　　　　2.1.1　空域的定义 ………………………………………………………（18）

　　　　2.1.2　我国空域的分类 …………………………………………………（19）

　　2.2　合法飞行 …………………………………………………………………（22）

　　　　2.2.1　无人机"黑飞"及"黑飞"带来的危害 …………………………（22）

　　　　2.2.2　合法飞行规定 ……………………………………………………（25）

　　2.3　民用无人机运行管理的地方性法规 ……………………………………（29）

第3章 无人机的飞行安全 ……(33)

3.1 无人机飞行前注意事项 ……(34)
3.1.1 操控人员注意事项 ……(34)
3.1.2 无人机设备的操控安全 ……(35)
3.1.3 飞行环境注意事项 ……(35)

3.2 无人机飞行中注意事项 ……(37)
3.2.1 操控人员注意事项 ……(37)
3.2.2 无人机设备的操控安全 ……(38)
3.2.3 飞行环境注意事项 ……(39)

3.3 无人机飞行后注意事项 ……(40)
3.3.1 操控人员注意事项 ……(40)
3.3.2 无人机设备的操控安全 ……(41)
3.3.3 飞行环境注意事项 ……(42)

第4章 航拍无人机的安全飞行 ……(45)

4.1 航拍无人机的机型 ……(46)
4.2 常见的航拍无人机 ……(48)
4.2.1 航拍直升机 ……(48)
4.2.2 影视级多旋翼航拍无人机 ……(49)
4.2.3 穿越机 ……(52)

4.3 大疆御2的操作 ……(54)
4.4 航拍的基本技巧 ……(58)
4.4.1 概述 ……(58)
4.4.2 航拍设备使用 ……(59)
4.4.3 航拍技巧 ……(60)
4.4.4 航拍技巧的提升 ……(62)

4.5 航拍无人机在不同场景下的安全要领 ……(73)

  4.5.1 航拍无人机在娱乐飞行中的安全要领 …………………………………… (73)

  4.5.2 航拍无人机在商业飞行中的安全要领 …………………………………… (74)

第5章 植保无人机的安全飞行 ………………………………………………………… (79)

 5.1 机型的选择 ………………………………………………………………………… (80)

  5.1.1 油动植保无人机 ……………………………………………………………… (80)

  5.1.2 电动植保无人机 ……………………………………………………………… (80)

 5.2 植保无人机的结构 ………………………………………………………………… (81)

  5.2.1 系统结构 ……………………………………………………………………… (81)

  5.2.2 植保无人机机体结构 ………………………………………………………… (82)

  5.2.3 植保无人机遥控器 …………………………………………………………… (82)

  5.2.4 飞行控制系统 ………………………………………………………………… (83)

  5.2.5 动力系统 ……………………………………………………………………… (84)

 5.3 植保无人机的作业规范 …………………………………………………………… (85)

  5.3.1 作业基本要求 ………………………………………………………………… (85)

  5.3.2 植保无人机操作规范 ………………………………………………………… (85)

 5.4 植保无人机的药液喷洒 …………………………………………………………… (90)

  5.4.1 农药配制 ……………………………………………………………………… (90)

  5.4.2 飞行前准备 …………………………………………………………………… (90)

  5.4.3 作业参数设置 ………………………………………………………………… (92)

 5.5 植保无人机的种肥播撒 …………………………………………………………… (93)

  5.5.1 播撒系统安装 ………………………………………………………………… (93)

  5.5.2 播撒系统使用 ………………………………………………………………… (95)

第6章 物流无人机的安全飞行 ………………………………………………………… (99)

 6.1 机型的选择 ………………………………………………………………………… (100)

  6.1.1 多旋翼无人机 ………………………………………………………………… (100)

  6.1.2 固定翼无人机 ………………………………………………………………… (102)

6.1.3 垂直起降固定翼无人机 …………………………………… (103)

6.1.4 重载无人机 ………………………………………………… (104)

6.2 垂直起降固定翼无人机的操作 …………………………………… (106)

6.2.1 起飞前安全检查 …………………………………………… (106)

6.2.2 飞行中的检查、故障排除与解决 ………………………… (106)

6.2.3 飞行后的检查 ……………………………………………… (107)

6.3 物流无人机的注意事项 …………………………………………… (108)

6.3.1 物流无人机的降落安全问题 ……………………………… (108)

6.3.2 物流无人机的故障 ………………………………………… (109)

6.3.3 解决措施 …………………………………………………… (109)

第7章 测绘无人机的安全飞行 …………………………………………… (113)

7.1 测绘无人机的种类 ………………………………………………… (114)

7.2 无人机航测流程 …………………………………………………… (115)

7.2.1 航飞前准备 ………………………………………………… (115)

7.2.2 航飞作业流程 ……………………………………………… (117)

7.3 内业三维模型制作流程 …………………………………………… (120)

7.4 DJI Pilot 飞行软件功能讲解 …………………………………… (124)

7.4.1 飞行前检查 ………………………………………………… (124)

7.4.2 航线规划功能 ……………………………………………… (125)

7.4.3 航线参数设置 ……………………………………………… (126)

7.4.4 自定义相机设置 …………………………………………… (126)

7.4.5 智能摆动拍摄设置 ………………………………………… (127)

7.4.6 仿地飞行设置 ……………………………………………… (127)

7.4.7 高度参数设置 ……………………………………………… (128)

7.4.8 完成动作设置 ……………………………………………… (130)

7.4.9 高级设置 …………………………………………………… (131)

7.4.10　倾斜摄影功能 …………………………………………………… (131)

　　7.4.11　航带飞行功能 …………………………………………………… (133)

第8章　安防无人机的安全飞行 ……………………………………………… (137)

8.1　机型的选择 ………………………………………………………………… (138)

8.2　大疆经纬M30T无人机的操作步骤 …………………………………… (141)

　　8.2.1　起飞前安全检查 …………………………………………………… (141)

　　8.2.2　飞行中的检查 ……………………………………………………… (142)

　　8.2.3　飞行后的检查 ……………………………………………………… (143)

　　8.2.4　常见故障及解决 …………………………………………………… (143)

8.3　安防无人机的注意事项 ………………………………………………… (144)

　　8.3.1　拍摄注意事项 ……………………………………………………… (144)

　　8.3.2　维修安全注意事项 ………………………………………………… (145)

　　8.3.3　避障安全注意事项 ………………………………………………… (145)

　　8.3.4　飞行高度、飞行速度注意事项 …………………………………… (146)

附录　民用无人机运行管理的相关制度 ……………………………………… (149)

参考文献 ………………………………………………………………………… (186)

第 1 章

概述

GAISHU

无人驾驶航空器(unmanned aircraft,UA)是一架由遥控站管理(包括远程操纵或自主飞行)的航空器,也称遥控驾驶航空器(remotely piloted aircraft,RPA),以下简称"无人机"。它们通常被用于执行各种任务,如航空摄影、农林植保、科学研究、电力巡检、紧急救援等。无人机有各种不同的形状和尺寸,从小型玩具无人机到大型专业级无人机都有。

无人机系统(unmanned aircraft system,UAS),也称遥控驾驶航空器系统(remotely piloted aircraft system,RPAS),是指由一架无人机、相关的遥控站、所需的指令与控制数据链路以及批准的型号设计规定的任何其他部件所组成的系统。

无人机系统主要包括无人机机体、飞控系统、数据链系统、发射回收系统、电源系统等。飞控系统又称为飞行管理与控制系统,相当于无人机系统的"大脑",对无人机的稳定性、数据传输的可靠性、精确度、实时性等都有重要影响,对无人机的飞行性能起决定性的作用;数据链系统保证遥控指令的准确传输,以及无人机接收、发送信息的实时性和可靠性,即保证信息反馈的及时性和有效性,保障无人机顺利、准确地完成任务;发射回收系统保证无人机顺利升空以达到安全的高度和速度飞行,并在执行完任务后从高空安全回落到地面。

无人机的飞行可以通过遥控操作或按预先设定的自动航线来实现。在遥控操作模式下,操纵员通过无线遥控器来控制无人机的飞行。而在自动模式下,无人机根据预设的任务与路径点来进行飞行。

无人机的应用非常广泛。在农业领域,无人机可以用于农作物监测、精准施肥和植物疾病诊断等。在航空摄影和电影制作中,无人机可以提供极佳的拍摄角度和风景。在科学研究中,无人机可以用于气候研究、生物多样性监测等。此外,在紧急救援、边境巡逻和灾害管理方面,无人机也发挥着重要的作用。

然而,无人机也引发了一些关注和争议。随着无人机的普及,个人隐私和空域安全等问题日益受到人们的关注,相关法规和政策都在不断完善。

无人机作为一种新兴科技产品已经在许多领域中得到广泛应用。随着技术的不断发展和创新,无人机将继续为各行各业带来更多发展潜力和机会。

1.1 无人机的发展历程

1.1.1 无人机的起源

无人机的发展是一个相对漫长而多阶段的过程。

1. 早期概念(19 世纪初至 20 世纪初)

无人机的概念最早可以追溯到 19 世纪末期。在这个时期,人们开始尝试制造和飞行无人驾驶飞行器,以进行航空研究和任务执行。1917 年,美国退役陆军上尉皮特·库柏和埃尔默·A.斯佩里在美国陆军的资助下,成功研制出世界上第一架由无线电控制的不载人飞行器，命名为"空中鱼雷"。虽然当时的技术限制了无人机的发展，但这些早期概念为后来无人机的研究和设计奠定了基础。图1.1所示为首架无线电控制的不载人飞行器。

图1.1　首架无线电控制的不载人飞行器

2. 军事应用(20世纪50年代至20世纪末)

无人机于20世纪50年代在军事领域中大量应用。在二战期间，无人驾驶飞机开始被用于执行目标侦察任务等。如图1.2所示的MQ-1捕食者侦察机，由美国通用公司研发及制造，主要用于执行侦查和精准打击任务。它装备有高级的监视设备，包括红外线和雷达系统，能够在复杂的气候条件下进行长时间的飞行。此外，MQ-1捕食者侦察机还可以装备导弹，执行精准打击任务。

图1.2　MQ-1捕食者侦察机

随着航空电子技术的发展与完善，无人机的功能和应用范围逐渐扩大，包括远程飞行、武器系统和侦察任务。这些军事应用促进了无人机技术的发展和成熟。

3. 商业应用和民用(21世纪初至今)

21世纪初，无人机开始进入商业应用和民用领域。随着电子技术的进步、航空材料的改进和航空法规的制定与完善，无人机在航空摄影、电影制作、农林植保、科学研究等领域逐渐得到广泛应用。商业无人机的普及使得无人机的成本和可用性得到大幅改善，推动了无人机技术的快速发展。图1.3所示为大疆精灵4 RTK产品的应用,该无人机是一款小型多旋翼高精度航测无人机,面向低空摄影测量应用,具备厘米级导航定位系统和高性能成像系统,便携易用,全面提升航测效率。如图1.4所示,大疆T50农业无人机在执行农业作业。大疆T50农业无人机延续强劲的共轴双旋翼动力系统,采用分体式抗扭固定结构,强度更高;搭载双重雾化喷洒系统、前后相控阵雷达与双目视觉系统,集航测与飞防于一体,具有更稳定的作业保障与更优质的作业效果。

图1.3　无人机在航空摄影领域的应用

图1.4　无人机在农业领域的应用

4. 自动化和智能化(近年来)

近年来,自动化和智能化技术的进步推动了无人机的发展。自动驾驶、路径规划、障碍物识别和人工智能算法等技术的应用使得无人机能够执行更加复杂和精确的任务,提高了无人机飞行的安全性和效率。图1.5所示为大疆机场,适配大疆司空2云平台,可实现云端建模、指点飞行等多种智能功能。

随着时间的推移,无人机的设计和功能不断演进和改进,尺寸越来越小,性能越来越强

图 1.5　大疆机场:开启无人值守规模化新篇章

大。新的传感器和载荷的引入,如高分辨率相机、红外热成像仪、激光雷达等,使得无人机在各个领域具有更大的应用潜力。图 1.6 所示为大疆 Mini 3 Pro 无人机,约 249 g,折叠后长 145 mm、宽 90 mm、高 62 mm。图 1.7 所示为大疆悟 2(Inspire 2)无人机,标配前视和下视双目视觉系统,可探测 30 m 范围内的障碍物,且标配有一个顶部红外感知系统,能有效感知上方 5 m 范围内的物体,可以在上升过程中大概率避免飞行器撞击顶部障碍物的情况发生。图 1.8 所示为比亚迪车载无人机系统,比亚迪汽车与大疆车载无人机相结合,整车与无人机完美融合,可实现精准自动起降、智能换电。

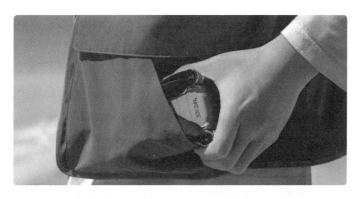

图 1.6　大疆 Mini 3 Pro 无人机

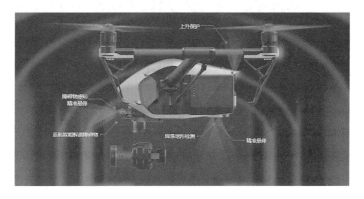

图 1.7　大疆悟 2 无人机

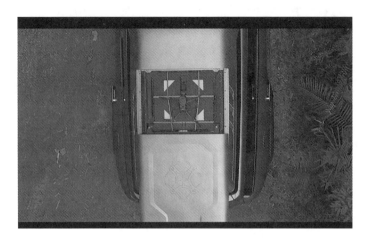

图 1.8 比亚迪车载无人机系统

1.1.2 无人机的展望

无人机的前景非常广阔,未来它在各个领域中的应用和发展将令人振奋。

1. 集群化和智能化

随着人工智能和自动化技术的不断发展,无人机将变得更加自主和智能。未来它们能够自主完成复杂任务,进行智能决策并适应环境变化。这将提高无人机的应用能力和效率,在许多领域中发挥更重要的作用。

集群化和智能化的结合将使无人机系统更加高效、灵活和自主。例如,无人机集群可以通过智能算法执行自主编队飞行、协同搜救、目标跟踪等任务。图 1.9 所示为长沙无人机集群智能化表演,基于飞行控制算法,实现多架无人机的编队飞行,并保持队形的稳定性和一致性。智能化还可以提高无人机在复杂环境中的适应能力,例如通过自主避障、路径规划和任务分配等功能,提高飞行安全性和任务完成效果。

图 1.9 长沙无人机集群智能化表演

2. 扩大商业应用和民用

无人机的商业应用和民用将得到进一步扩大和提升。例如,在物流和运输领域,无人机可以用于快递配送和货物运输;在城市规划和建筑领域,无人机可以用于作业监测和建筑勘测;在电力和能源领域,无人机可以用于设施检查和维护;等等。无人机的这些应用将提高效率、降低成本并减少风险。

3. 新的载荷和传感器

未来,新的载荷和传感器将进一步改善无人机的功能和应用范围。例如,高分辨率多光谱相机可以用于农作物监测和资源管理;激光雷达可以提供更精确的环境感知和定位能力;生物和化学传感器可以用于环境监测和气象学研究。这些新技术产品将推动无人机在各个领域的深入应用。

如图1.10所示,大疆Mavic 3多光谱版无人机将看不见的问题变得清晰可见,通过更精密的"双眼",融合可见光相机与多光谱相机,将作物生长状态尽收眼底,实现农业生产精准管理。

图1.10 大疆Mavic 3多光谱版无人机

4. 集群协作和空中交通管理

未来,无人机的集群协作和空中交通管理将成为关键问题。随着无人机数量的增加,有效管理和规划无人机的空中活动将变得尤为重要。新的技术和系统将被开发以确保无人机之间的安全协作和空域的合理使用。

5. 持续的技术创新

无人机技术将持续创新和改进。轻量化的材料、更高效的电池技术、更强大的处理能力和更快的数据传输速度等技术的进一步发展将推动无人机的飞行时间、载荷能力和操作性能的提升。

总之,无人机科技是改变未来的创新力量之一。随着技术的不断革新和应用需求的变化,无人机将会更加智能化、自主化,能够更好地适应各种复杂环境。无人机将继续在各个行业中发挥重要作用,带来更多的创新和便利。然而,无人机涉及隐私和安全等问题也需要密切关注,以促进无人机行业的可持续发展。

1.2 无人机的分类

随着无人机相关技术飞速发展,无人机种类多样,其系统种类繁多、用途广、特点鲜明,致使其在尺寸、质量、航程、航时、飞行高度、飞行速度、可执行任务等方面都有较大差异。无人机类型差别很大,小到日常可见的航拍无人机,大到国庆阅兵仪式上壮观的作战无人机。对于无人机的分类,出于不同的考量会有不同的分类方法,下面将盘点历来所有常见的无人机分类方式,使读者全面、系统地了解无人机类型。

1.2.1 按飞行平台构型分类

按飞行平台构型的不同,无人机可分为旋翼无人机、固定翼无人机、无人飞艇、伞翼无人机、扑翼无人机等,如图1.11所示。

图1.11 按飞行平台构型分类

(1) 旋翼无人机:一种重于空气的航空器,其在空气中的飞行升力由一个或多个旋翼与空气进行相对运动的反作用获得,与固定翼航空器为相对关系。

多旋翼无人机是一种具有三个及以上旋翼轴的特殊航空器。其通过每个轴上的电机带动旋翼,从而产生升推力。一般常见的多旋翼无人机有四旋翼、六旋翼、八旋翼,甚至更多旋翼。多旋翼无人机机械结构非常简单,能垂直起降,缺点是续航时间短、载荷小。

(2) 固定翼无人机:指由动力装置产生前进的推力或拉力,由机体上固定的机翼产生升力,在大气层内飞行的重于空气的航空器。这类无人机续航时间长、飞行效率高、载荷大。

(3) 无人飞艇:一种轻于空气的航空器,它与热气球最大的区别在于具有推进和控制飞行状态的装置。这类飞行器是一种理想的空中平台,其应用范围较广泛,可用于空中监视、巡逻、中继通信、空中广告飞行、任务搭载试验、电力架线等。

（4）伞翼机：一种用柔性伞翼代替刚性机翼的无人机。伞翼大部分为三角形，也有长方形的。伞翼机的伞翼可收叠存放，张开后利用迎面气流产生升力而升空，起飞和着陆滑跑距离短，只需百米左右的跑道，常用于运输、通信、侦察、勘探和科学考察等。

（5）扑翼无人机：这类飞行器是受鸟类或者昆虫启发而设计发明的，具有可变形的小型翼翅。它可以利用不稳定的气流，利用如肌肉一样的驱动器代替电机。在战场上，微型无人机，特别是昆虫式无人机，不易引起敌人的注意。即使在和平时期，微型无人机也是探测核生化污染、搜寻灾难幸存者、监视犯罪团伙的得力工具。

各飞行平台无人机的优势、劣势和特点见表1.1。

表1.1 各飞行平台无人机的优势、劣势和特点

飞行平台		优势	劣势	特点
多旋翼无人机		起降受场地限制少，能垂直起降，操作灵活，价格低廉	有效载荷小，航程短，航速慢，滞空时间短，续航时间短	起飞降落灵活，可悬停，结构简便，故障率高，载荷量小
固定翼无人机		载荷量大，续航时间长，航程远，飞行速度快，飞行高度高，性价比高	起降受场地限制多，无法悬停，对控制系统要求高	民用涉及较少，主要是军事、工业级应用
单旋翼无人机（又叫直升无人机）		载荷量稍大，起降受场地限制少	结构脆弱，故障率高，操控复杂，续航时间短	可垂直起降，结构复杂，维护成本高
其他平台无人机	无人机飞艇	成本低，安全系数高，稳定性强	移动缓慢，操作不灵活，易碰撞，精度低	结构简单，升空时间长，使用复杂
	扑翼无人机	效率极高且高效低耗，可垂直起落、悬停、俯冲、急转	技术不成熟，扑翼飞行空气动力学问题还没有全部解决	自然界动物唯一的主动飞行方式，具有小、巧、灵、高的特点
	伞翼无人机	结构简单、成本低，可控空降空投	空气阻力大，速度慢，重复使用操作复杂	高空投掷，无外加动力

1.2.2 按用途分类

按用途的不同，无人机可分为军用无人机和民用无人机。目前超过70%的无人机用于军事领域。

（1）军用无人机可分为侦察无人机、诱饵无人机、电子对抗无人机、通信中继无人机、无人战斗机以及靶机等。其执行的任务也非常多样化，包括情报侦察、军事打击、信息对抗、通信中继、后勤保障等。

（2）民用无人机可分为巡查/监视无人机、农用无人机、气象无人机、物流无人机、勘探无人机以及测绘无人机等。

依据面向用户群体的不同，民用无人机可以分为消费级无人机和工业级无人机。

消费级无人机以满足消费者娱乐需求为主,多用于影视拍摄、日常拍摄等航拍,强调无人机的便携性和易操作性。

工业级无人机致力于经济效益的创造和行业问题的解决,包括用于国土资源调查、气象探测等的遥感探测类无人机,用于搜捕营救、反恐除暴、边境巡检等的公共安全类无人机(见图1.12),用于农业植保、林业防护的生产作业类无人机,以及用于短途快递投放、长途物资运输等的物流运输类无人机(见图1.13)。

图1.12 无人机边境巡检　　　　　　图1.13 无人机物流运输

1.2.3 其他分类方式

1. 按尺度分类

无人机按尺度可分为微型无人机、轻型无人机、小型无人机以及大型无人机。

微型无人机是指空机重量小于 0.25 kg,设计性能同时满足飞行真高不超过 50 m、最大飞行速度不超过 40 km/h、无线电发射设备符合微功率短距离无线电发射设备技术要求的遥控驾驶航空器。大疆御 Mavic Mini 无人机仅 249 g,如图 1.14 所示。

图1.14 大疆御 Mavic Mini 无人机

轻型无人机是指同时满足空机重量不超过 4 kg,最大起飞重量不超过 7 kg,最大飞行速度不超过 100 km/h,具备符合空域管理要求的空域保持能力和可靠被监视能力的遥控驾驶航空器,但不包括微型无人机。图 1.15 所示为大疆 Air 2S 无人机,拥有 595 g 的轻巧机身。

图 1.15　大疆 Air 2S 无人机

小型无人机是指空机重量不超过 15 kg 或者最大起飞重量不超过 25 kg 的无人机,但不包括微型、轻型无人机。如图 1.16 所示,大疆经纬 M300 RTK 无人机的空机重量(含双电池)为 6.3 kg,可应用于电力巡检、消防救援、公共安全、建筑工程、农业植保、环保监测等场景。

图 1.16　大疆经纬 M300 RTK 无人机

中型无人机是指最大起飞重量超过 25 kg 但不超过 150 kg,且空机重量超过 15 kg 的无人机。如图 1.17 所示,大疆 T25 农业无人机整机重量为 25.4 kg(不含电池)(含电池则为 32 kg),最大喷洒起飞重量为 52 kg(海平面附近),最大播撒起飞重量为 58 kg(海平面附近)。

图 1.17　大疆 T25 农业无人机

大型无人机是指最大起飞重量超过 150 kg 的无人机。

2. 按活动半径和任务高度分类

无人机按任务高度可分为超低空无人机(实用升限为 0~100 m)、低空无人机(实用升限为100～1000 m)、中空无人机(实用升限为1000～7000 m)、高空无人机(实用升限为7000～18000 m)、超高空无人机(实用升限超过18000 m)。

无人机按活动半径可分为超近程无人机(活动半径为5～15 km)、近程无人机(活动半径为15～50 km)、短程无人机(活动半径为50～200 km)、中程无人机(活动半径为200～800 km)、远程无人机(活动半径大于800 km)。

1.3 无人机的应用

无人机的应用范围非常广泛，涵盖了多个行业和领域，以下是一些常见的无人机应用。

1. 地理测绘和航空摄影

无人机可以进行高分辨率地图制作、三维建模、土地测量等，广泛应用于城市规划、土地管理、环境监测等领域，如图1.18所示。

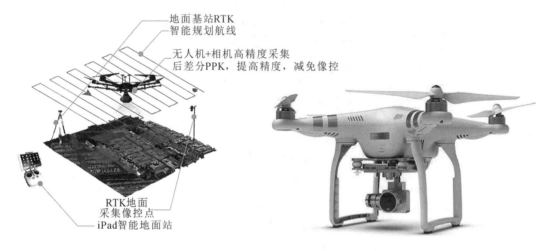

图1.18 无人机用于地理测绘和航空摄影

2. 农业和农业保护

无人机可以用于农业监测、农林植保等，在提高农作物产量和减少化学品使用量方面具有潜力，如图1.19所示。

3. 物流和运输

无人机可用于快递、货物运输与应急救援等，如图1.20所示，它能够提高效率、降低成本，在偏远或危险环境中发挥重要作用。

4. 建筑和基础设施检查

无人机可以用于建筑工地监控、桥梁检查、电力线路检查等，如图1.21所示，它提供便捷的视角，降低人为风险。

图 1.19　无人机用于农业和农业保护

图 1.20　无人机用于物流和运输

图 1.21　无人机用于建筑和基础设施检查

5. 搜索和救援

无人机可用于搜救、灾害响应、失踪人员搜寻等任务,如图 1.22 所示,它可提供更加快速、安全和全面的搜救能力。

6. 媒体和娱乐

无人机广泛应用于航拍摄影、体育赛事等领域,作为一种创作工具,提供独特的视觉效果,如图 1.23 所示。

图 1.22　无人机用于搜索和救援

图 1.23　无人机用于媒体和娱乐

7. 科学研究和探索

无人机可用于环境监测、气象研究、考古探测等,提供高分辨率影像和难以获得的研究领域数据。

综上,无人机的应用十分广泛,表1.2列出了无人机的应用场合。

表1.2 无人机的应用场合

领域	应用场合	领域	应用场合
海洋	海事巡检、岛礁测绘、海洋生态监测、物资运输	国土	测绘、自然资源调查、规划、土地确权管理
交通	高速公路巡检、铁路巡检、交通事故现场勘查、应急救援、违法取证、道路沉降监测	保险	在农业保险、财产保险领域,执行统计、出险现场取证任务
水利	水域监测、河道治理、渔船监测、水坝变形观测、非法侵入预警	地质	矿区勘探、灾害预警、探矿、地质勘测、储量测算、矿山修复
应急	火灾应急、洪涝应急、地震搜救、应急救援、环保应急、疫情应急、地质灾害救援、通信保障	文物保护	考古勘察、文物保护、文物修复、旅游规划、数字文物建设
安防	安防应急、安防巡检、安防预警	环保	巡查,空气检测,水、气、土取样分析
物流	低空运输、急救物资运输	航拍	影视、视频拍摄(商用和民用)、直播
电力	电力架线、电力巡检、电力检修、光伏风电巡检、电站检测	建筑	桥梁、隧道检测、规划,施工检测,三维实景建模,构建BIM(建筑信息模型)
国防	边界巡检、空中侦查、空中打击、训练靶机、军事活动	林业	森林巡检、植保、枯疏调查、产量预估
农业	土壤修复、播种、植保喷洒、植物分析、生长评估、虫害预警	消防	森林防火、城市灭火、火灾预警、消防救援、救援指挥
油气	油气勘探、探测、管道巡查、油气保护、石油储量计算	公安	罪犯追踪打击、救援、执法取证、空中警力

随着无人机技术的不断发展和应用范围的扩大,无人机相关岗位的需求也在增长。这些岗位包括无人机操作员、系统工程师、软件开发人员、航空咨询师、数据分析师等,同时也会涉及制造、维护、规范制定、法律监管等领域的就业机会。

需要注意的是,要想从事无人机领域相关工作,通常需要经过相关的培训并获得相应的资质认证。此外,随着无人机技术的成熟和应用需求的增加,无人机相关技术职位的需求也在不断增加。

总体而言,无人机在多个行业和领域都有广泛的应用前景,同时也为相关技术人员带来了就业机会。随着技术和法规的发展,无人机行业将进一步发展。

课 后 练 习

一、选择题

1. 无人机系统的英文缩写是（　　）。

   A. UVS B. UAS C. UAV

2. 轻型无人机，是指空机重量（　　）的无人机。

   A. 小于 7 kg

   B. 大于 7 kg、小于 116 kg

   C. 大于 116 kg、小于 5700 kg

3. 任务高度一般在 0～100 m 之间的无人机为（　　）。

   A. 超低空无人机 B. 低空无人机 C. 中空无人机

4. 近程无人机活动半径在（　　）。

   A. 15 km 以内 B. 15～50 km C. 200～800 km

5. 不属于无人机机型的是（　　）。

   A. 塞纳斯 B. 侦察兵 C. 捕食者

6. 常规固定翼/旋翼无人机是（　　）空气的在大气层内飞行的航空器。

   A. 重于 B. 轻于 C. 等于

二、问答题

1. 无人机按飞行平台构型分类可分为哪几类？
2. 常见无人机的应用有哪些？
3. 简述无人机发展历程。
4. 无人机按用途怎么分类？

第 2 章

无人机运行管理相关法律法规

WURENJI YUNXING GUANLI XIANGGUAN FALÜ FAGUI

2.1 空域概述

空域是指地球上特定区域内的空间范围,是大气层以内的天空。它可以被划分为不同的区域,用于管理和控制航空器等的空中交通和活动。这些区划通常由各国的航空管理部门根据国际民用航空组织(ICAO)的指导原则进行管理,并根据国家的需求和安全考虑进行调整和限制。

空域的管理和控制由各国的航空管理部门负责。它们制定规则和程序,确保飞行安全和空中交通的有序运行。这些规则和程序包括航路划定、空中交通管制等。它们也可以根据临时需要或特殊情况对可飞空域进行限制或划定禁飞区。

2.1.1 空域的定义

空域是航空器运行的活动场所,就是通常所称的空气空间,是地球表面被大气层笼罩的空间,是隶属于国家主权的国家领陆和领水之上的空气空间。

空域是地球表面以上可供航空器飞行的空气空间范围,包括不同高度层、不同地理区域和不同使用性质的空域。

空域通常会依据相关的航空法规和管理规定,被划分为不同的类别和等级,以确保空中交通的安全、有序和高效运行。

我国空管及空域介绍见图2.1。

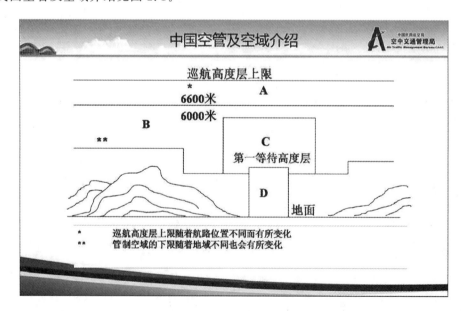

图2.1 中国空管及空域介绍

2.1.2 我国空域的分类

1. 基础分类依据

2023年12月21日,中国民用航空局发布《国家空域基础分类方法》,依据航空器飞行规则和性能要求、空域环境、空管服务内容等要素,将空域划分为A、B、C、D、E、G、W等7类,其中,A、B、C、D、E类为管制空域,G、W类为非管制空域。新增设的G、W类空域主要为无人驾驶航空器飞行提供法规上的支持,与2024年1月1日施行的《无人驾驶航空器飞行管理暂行条例》相辅相成。

A、D、E、G、W类空域的划设如图2.2所示。

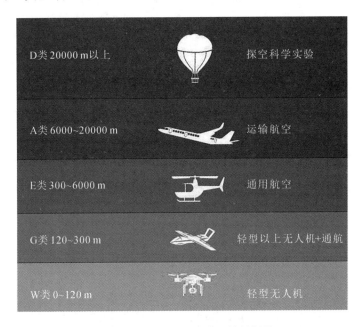

图 2.2　A、D、E、G、W类空域的划设

2. 空域分类

综合考虑飞行规则、空域环境、航空器性能、空中交通服务等因素,空域被分为管制空域(A、B、C、D、E类)和非管制空域(G、W类)。A类空域通常为标准气压高度6000 m(含)以上至标准气压高度20000 m(含)的空间。B类空域通常划设在民用运输机场上空。C类空域通常划设在建有塔台的民用通用机场上空。G类空域通常为B、C类空域以外真高300 m以下的空域(W类空域除外),以及平均海平面高度低于6000 m、对军事飞行和民航公共运输飞行无影响的空域。W类空域通常为G类空域内真高120 m以下部分空域。D类或者E类空域是除A、B、C、G、W类空域外的空间,可以根据运行和安全需求选择划设。其中,标准气压高度20000 m以上的空域统一划设为D类空域。B、C类空域的划设如图2.3所示,B、C类空域穿越了多种空域。

B类和C类空域会穿越多类空域,空域类型按照标准气压高度、海平面高度、真高等多种高度分类,实际情况如图2.4、图2.5所示。

图 2.3 B、C 类空域的划设

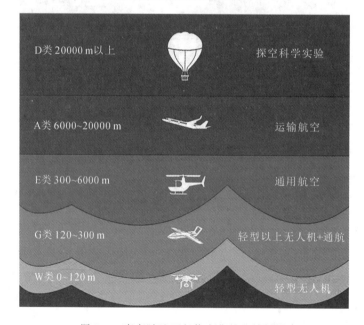

图 2.4 真高随地面起伏变化的空域划设

无人机可飞空域主要涉及非管制空域（G、W 类），W 类空域真高为 120 m 以下，主要用于轻型无人机的飞行。G 类空域真高为 120~300 m，多用于电动垂直起降航空器与物流、巡检等行业类无人机飞行。让不同类型无人驾驶航空器按照不同高度层来运行以保障安全，同时尽可能提高空域使用的自由度。

综合考虑空域限制类型、使用用途等因素，空域分为空中禁区、空中限制区、空中危险区、空中保留区、航路航线、进出境点、等待空域、空中放油区、试飞空域、训练空域、防空识别区、临时空域等。W、G 类空域除需要排除 B、C 类空域外还需要注意上述空域，如图 2.6 所示。

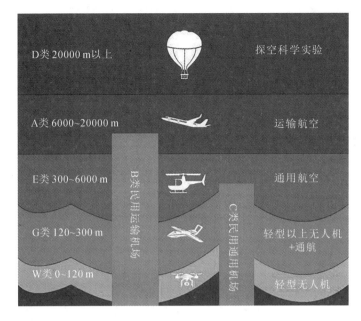

图 2.5 真高变化的空域划设(加入 B 类和 C 类空域)

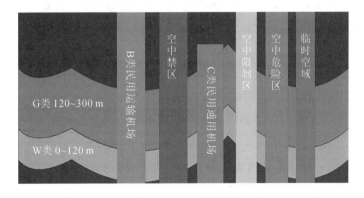

图 2.6 W、G 类空域

空中禁区、空中限制区、空中危险区、临时空域与无人机飞行活动密切相关。

(1) 空中禁区:国家重要的政治、经济、军事等核心要害目标上空,可以划设空中禁区。未经批准,任何航空器不得飞入空中禁区。

(2) 空中限制区:重要目标、武器试验场、靶场、残骸坠落区、重大活动现场等上空,可以划设空中限制区。在规定时限内,未经相应空中交通管理机构许可的航空器,不得飞入空中限制区。

(3) 空中危险区:对空射击(发射)场(平台)、军事活动空域、残骸坠落区等上空,可以划设空中危险区。在规定时限内,空中危险区对于非特定飞行活动而言存在危险,不限制非特定航空器进入,但进入后由飞行员(无人驾驶航空器操控员)自行承担风险。

(4) 临时空域:空域管理和飞行任务需要的,可以划设临时空域。临时空域的划设,由有关单位提出建议方案,国家空中交通管理领导机构的办事机构承办,报国家空中交通管理领导机构批准。

2.2 合法飞行

2.2.1 无人机"黑飞"及"黑飞"带来的危害

无人机"黑飞"是指一些没有取得私人飞行执照或者没有取得合法身份的无人机的飞行，也就是未经登记的飞行，这种飞行有一定危险性。在中国，任何未取得中国民用航空局许可的飞行行为都是不允许的，这种行为可能会带来以下的危害。

（1）安全风险。

无人机"黑飞"可能会干扰正常航空器的飞行和地面交通，增加空中和地面交通的风险和事故概率。无人机的飞行高度越高，这种风险就越大。

（2）隐私侵犯。

无人机"黑飞"可能会侵犯个人隐私或泄露企业、政府机构的机密。无人机可以用摄像头或其他监视设备拍摄视频、照片或音频，而非法地记录和使用这些信息可能会侵犯他人的隐私权和泄露商业机密。

（3）公共安全威胁。

无人机"黑飞"可以被用于恶意的攻击或破坏行为，包括在公众场所投放炸弹、煽动暴乱、破坏公共财产等。这些行为会造成人员伤亡或引发公共安全危机。

（4）法律责任。

无人机"黑飞"是一种违反法律规定的行为。无人机行驶的空域被视为国家主权的一部分，其非法侵入可能会带来法律责任和惩罚。

【案例一】 河北廊坊对无人机"黑飞"引发异常空情案宣判赔偿损失12余万元和公开道歉。

2023年12月7日，廊坊市中级人民法院（简称廊坊中院）依法对廊坊地区首例侵害国防和军事利益民事公益诉讼案件进行宣判，判决被告某测绘公司及林某赔偿国防战备资源损失12.19万元，并通过国家级媒体公开赔礼道歉，消除影响。

2022年10月，某单位与被告某测绘公司签订"地质灾害点隐患排查委托协议"，委托某测绘公司通过无人机航拍方式，获取工作地面航拍照片，用于开展山区地质灾害隐患排查、废弃矿区现状治理工作。其后，被告某测绘公司指派被告林某完成上述无人机测绘工作。该飞行任务未向空域管理部门申请飞行空域及航拍计划，且林某未取得民用无人机驾驶执照。2022年11月，林某在操作无人机航拍时，被空军雷达监测识别为异常空情，随后动用人员装备进行查证处置，耗费了国防战备资源。廊坊市检察院经过公告程序后，未有法律规定的机关和有关组织提起诉讼，故其作为公益诉讼起诉人，向廊坊中院提起诉讼。

案件受理后，廊坊中院高度重视，抽调精干力量组成合议庭，并优选四名来自不同行业、具备丰富经验的人民陪审员参加合议庭。承办法官第一时间了解了基本案情,并与相关部队及公益诉讼起诉人进行了座谈,从专业角度对无人机"黑飞"危害进行分析,对事情经过以及各方面证据进行交流,为庭审顺利进行奠定基础。庭审前,合议庭组织各方当事人进行了证据材料交换、说明和质证,明确了案件的争议焦点,保障了当事人的合法权益。各位人民陪审员认真查阅卷宗,了解了案件事实。

2023年11月24日,廊坊中院依法对本案进行不公开开庭审理,部队方面派员到庭旁听。庭审过程中,法官准确把握庭审节奏和重点,围绕公益诉讼起诉人的诉讼请求进行了法庭调查、举证质证、法庭辩论等环节,各方就本案焦点问题即被告的行为是否侵权以及如何承担侵权责任充分发表了意见,庭审效果良好。合议庭评议中,人民陪审员结合自身社会经验,对案件事实和证据发表意见。

廊坊中院审理认为,被告某测绘公司在未向空域管理部门申请飞行空域及航拍计划的情况下,将航拍测绘工作交给未取得民用无人机驾驶执照的林某完成,违反了航空管理法规,引发异常空情,被告某测绘公司的行为存在严重过错。林某未取得民用无人机驾驶执照,在明知某测绘公司未申请飞行空域的情况下实施航拍测绘,其行为亦存在过错。某测绘公司及林某的过错行为导致部队因处置异常空情而产生国防战备资源损失,二被告的行为与已造成的损害结果存在因果关系,应承担相应侵权责任。

在公开宣判中,合议庭运用宣判答疑,充分释法明理。二被告认可判决结果,愿意承担赔偿责任,并通过国家级媒体作出诚恳道歉,消除不良影响,表现了良好的认错态度。公开宣判对增强群众国防意识、自觉履行国防义务起到了促进作用。

国防和军事利益是国家利益的重要组成部分。本案中,二被告的侵权行为扰乱了空域管理秩序,影响了部队正常的战备工作,耗费了战备资源,侵害了国家和社会公共利益。廊坊中院此次采用"七人合议庭"审理廊坊地区首例侵害国防和军事利益民事公益诉讼案件,充分体现了对国防安全的重视,彰显了司法的民主与公正。本案的判决,依法维护了国防安全和军事利益,为国防建设提供了有力的司法保障。

【案例二】 宁波首例!无人机"黑飞"还敢开直播,余姚公安开具首张罚单。

2024年1月5日,市民周某因未经审批,在管制空域放飞无人机,余姚市公安局依法对其处以行政处罚。这是《无人驾驶航空器飞行管理暂行条例》自2024年1月1日施行后,宁波市首例因无人机"黑飞"而被处罚的案例。

事发当晚7时许,余姚市公安局巡特警大队民警谢某在日常巡查中发现有人利用无人机进行航拍直播。直播画面中的操作界面显示(见图2.7),该无人机的飞行高度已经远超120 m,属于未经审批在管制空域飞行,涉嫌"黑飞"操作。

当晚7时30分许,警方很快锁定了该无人机操作人员的具体位置。民警谢某在中山北路附近发现了"黑飞"嫌疑人周某,民警现场检查其飞行器和飞行记录,发现其无人机虽已实名登记,但并未进行飞行申请,且飞行高度最高达276 m,如图2.8所示,最后,根据《无人驾驶航空器飞行管理暂行条例》第十九条和第五十一条规定,余姚市公安局依法对周某的"黑飞"行为处以罚款200元的行政处罚。

图 2.7 周某无人机直播画面

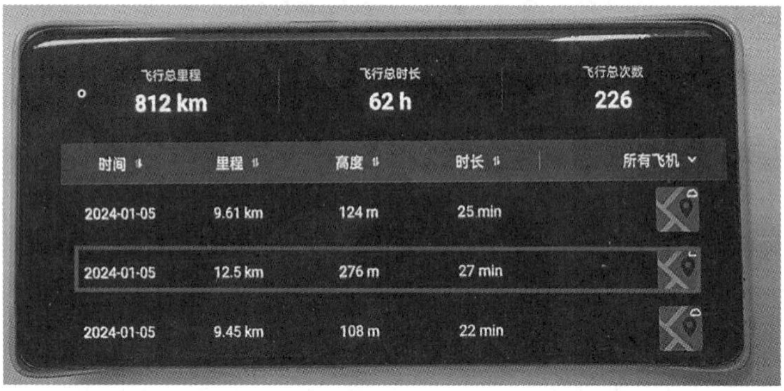

图 2.8 周某飞行记录中显示飞行高度最高 276 m

【案例三】 兵团首例！一师公安开出无人机"黑飞"首张行政罚单！

2024 年 1 月 5 日 17 时许，第一师阿拉尔市公安局特警支队警务航空大队巡逻组巡逻发现 1 架大疆 FPV 无人机在某小区上方超高飞行。巡逻组民警立即联系幸福路派出所辖区民警一同前往核查，在某小区楼顶处发现"黑飞"行为嫌疑人王某。民警现场检查其飞行器和飞行记录，发现其无人机未按要求进行实名登记且飞行高度最高为 504 m。按照《无人驾驶航空器飞行管理暂行条例》第四十七条和第五十一条相关规定，第一师阿拉尔市公安局对"黑飞"人员王某作出责令停止飞行，立即改正并处以罚款 500 元的处罚。

通俗来讲，只要存在以下任意一种情况，就属于"黑飞"。

① 无人机未进行实名登记。

② 未取得无人机操控员执照或者合格证操控对应级别飞行器飞行；未经批准擅自飞行；未按批准的飞行计划飞行；不及时报告或者漏报飞行动态；未经批准飞入空中限制区、空中危险区。

③ 未依法购买保险。

为了防止无人机"黑飞"带来的危害，许多国家和地区都制定了相应的法律和法规，规范和管理无人机的使用。例如，规定必须获得许可证或注册、禁止在特定区域或高度飞行等。除此之外，随着技术的不断发展，现在也出现了一些防范无人机"黑飞"的技术和设备，如无人机的袭扰控制系统、无人机雷达系统、红外线跟踪系统等，如图 2.9 所示。这些技术和设备可以检测、跟踪、干扰、击落或信号屏蔽无人机,从而减少或消除其"黑飞"带来的危害。

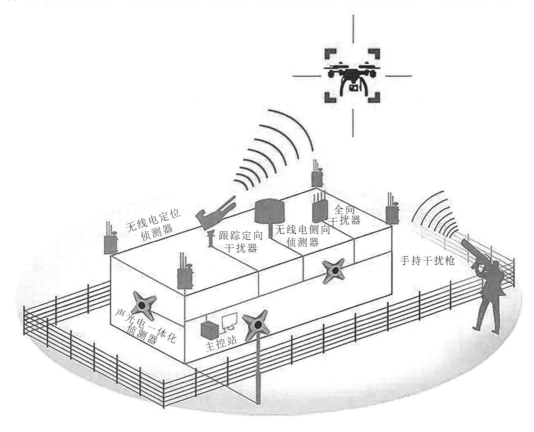

图 2.9 防范无人机"黑飞"的技术和设备

2.2.2 合法飞行规定

无人机作为一种新型的航空器,越来越受到人们的关注。无人机的出现不仅改变了我们的生活,也为社会带来了许多新的商机。然而,由于无人机的特殊性质,其飞行也存在着一些限制和要求。无人机合法飞行规定具体如下。

1. 实名登记

民用无人驾驶航空器所有者应当依法对所持无人机进行实名登记,具体办法由国务院民用航空主管部门会同有关部门制定。涉及境外飞行的民用无人驾驶航空器,应当依法进行国籍登记。实名登记具体流程如下:① 登录国家无人驾驶航空器一体化综合监管服务平台(https://uom.caac.gov.cn)进行账号实名注册;② 进入"登记管理"(见图 2.10);③ 选择左侧"实名登记"(见图 2.11);④ 根据实际情况选择品牌无人机及自制无人机注册(见图 2.11);⑤ 按照系统要求进行无人机实名注册登记。

2. 持有合法的飞行许可证

操控小型、中型、大型民用无人驾驶航空器飞行的人员应当具备下列条件,并向国务院民用航空主管部门申请取得相应民用无人驾驶航空器操控员(简称操控员)执照:

① 具备完全民事行为能力;

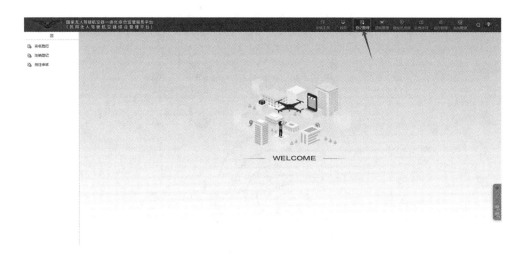

图 2.10 "登记管理"

图 2.11 "实名登记"

② 接受安全操控培训,并经民用航空管理部门考核合格;

③ 无可能影响民用无人驾驶航空器操控行为的疾病病史,无吸毒行为记录;

④ 近 5 年内无因危害国家安全、公共安全或者侵犯公民人身权利、扰乱公共秩序的故意犯罪受到刑事处罚的记录。

从事常规农用无人驾驶航空器作业飞行活动的人员无须取得操控员执照,但应当由农用无人驾驶航空器系统生产者按照国务院民用航空主管部门、农业农村部主管部门规定的内容对其进行培训和考核,合格后取得操作证书。

操控微型、轻型民用无人驾驶航空器飞行的人员,无须取得操控员执照,但应当熟练掌握有关机型操作方法,了解风险警示信息和有关管理制度。

无民事行为能力人只能操控微型民用无人驾驶航空器飞行,限制民事行为能力人只能操控微型、轻型民用无人驾驶航空器飞行。无民事行为能力人操控微型民用无人驾驶航空器飞行或者限制民事行为能力人操控轻型民用无人驾驶航空器飞行,应当由符合前述规定条件的完全民事行为能力人现场指导。

操控轻型民用无人驾驶航空器在无人驾驶航空器管制空域内飞行的人员,应当具有完全民事行为能力,并按照国务院民用航空主管部门的规定经培训合格。表 2.1 是常见的大疆无人机产品分类以及所需获取的证照类型。

表 2.1　大疆无人机产品分类以及所需获取的证照类型

分类	涵盖大疆产品	是否需要实名登记	是否需要操控员执照	是否需要依法投保责任险
微型无人机		√	×	非经营性活动不需要,经营性活动需要
轻型无人机	DJI Mini 系列、DJI Air 系列、DJI Mavic 系列、DJI Inspire 系列、DJI Avata 系列、DJI FPV 系列、DJI Phantom 系列等所有消费级无人机,DJI Mavic 3 行业系列、DJI Mavic 3 多光谱版、DJI M30 系列等行业级无人机	√	× 管制空域需理论培训合格证	
小型无人机	DJI M300 RTK、M350 RTK 等行业级无人机	√	√	√
中型无人机	DJI T50、T25、T40、T20P 等农业无人机在类型上属于中型无人机,操作使用遵循下方农用无人机规定即可	√	√	√
大型无人机		√	√	
农用无人机	DJI T50、T25、T40、T20P 等农业无人机	√	不需要操控员执照,仅需参加生产商的培训,取得操作证书	

3. 依法进行飞行计划申报

飞行计划申报具体流程如下:① 登录国家无人驾驶航空器一体化综合监管服务平台(https//:uom.caac.gov.cn)进行账号实名注册;② 进入"运行管理"(见图 2.12);③ 选择"飞行活动申请"(见图 2.13);④ 选择"一般飞行活动"(见图 2.14);⑤ 点击"新增",新增飞行活动(见图 2.15);⑥ 按照系统要求填报无人机飞行活动申请。

图 2.12　"运行管理"

图 2.13 "飞行活动申请"

图 2.14 "一般飞行活动"

图 2.15 新增飞行活动

4. 保险

使用民用无人驾驶航空器从事经营性飞行活动,以及使用小型、中型、大型民用无人驾驶航空器从事非经营性飞行活动,应当依法投保责任保险。

5. 其他要求

不同的国家和地区对无人机的要求和规定有所不同,如一些国家规定飞行时需要使用标有姓名和地址的标签,以便确定无人机所有者的身份信息。此外,无人机的相关设备、部件、配件等也要符合国家、地区的安全认证和标准。

总之,在任何情况下,都需要遵守所在国家的法律和规定,以确保无人机合法、安全飞行。

2.3 民用无人机运行管理的地方性法规

民用无人机的地方性法规因地区不同而有所不同,以下是一些地方性法规的示例。

1. 飞行限制区域

某些地区可能规定了特定区域禁止无人机飞行,例如城市中心、机场周围、敏感建筑物和设施附近等。这些区域在地方性法规中通常会有明确的说明。

2. 飞行授权要求

某些地区可能要求民用无人机在飞行之前获得地方航空管理机构的授权或许可,内容包括特定飞行任务、高度、距离或时间限制等要求。

3. 飞行许可费用

一些地区可能会收取无人机飞行的许可费用。这些费用可能根据飞行区域、飞行任务或飞行频率等因素而有所不同。

4. 隐私保护限制

一些地方性法规会进一步规定无人机在保护他人隐私方面的要求,例如禁止在私人住宅附近飞行、规定无人机拍摄或录制的限制等。

5. 地方性活动规定

某些地方性法规还会规定无人机在特定地方或特定活动中的使用要求,例如在公园、体育赛事或其他集会活动中的限制或要求。

请注意,这些只是一些地方性法规的示例。如果无人机驾驶员打算在特定地区飞行无人机,建议参考当地的地方性法规和相关机构的指导,以确保飞行合法、安全并符合当地的规定。

课后练习

一、选择题

1. 以下哪个选项最准确地描述了空域的定义?(　　　)

A. 空域是指一个物理空间,如房间或建筑物内部

B. 空域是指天空中飞行器的活动场所

C. 空域是指互联网上的虚拟空间

D. 空域是指海洋或陆地上的特定区域

2. 以下哪个机构负责管理空域?(　　)

　　A. 海军　　　　B. 民航局　　　　C. 空军　　　　D. 铁路局

3. 空中交通管理机构应当为以下哪种无人驾驶航空器飞行任务优先划设空域?(　　)

　　A. 商业运输　　B. 军事　　　　C. 娱乐飞行　　D. 体育竞赛

4. 根据航空器飞行规则和性能要求、空域环境、空管服务内容等要素,空域通常可以分为几类?(　　)

　　A. 2 类　　　　B. 3 类　　　　C. 4 类　　　　D. 7 类

5. A 类空域为标准气压高度(　　)m 以上至标准气压高度为 20000 m 的空间。

　　A. 300　　　　B. 600　　　　C. 6000　　　　D. 120

6. 真高在 120 m 以上空域,空中禁区、空中限制区以及周边空域,军用航空超低空飞行空域,以及下列哪些区域上方的空域应当划设为管制空域?(　　)

A. 机场以及周边一定范围的区域

B. 国界线、实际控制线、边境线向我方一侧一定范围的区域

C. 军事禁区、军事管理区、监管场所等涉密单位以及周边一定范围的区域

D. 以上都是

7. 以下哪种情形不属于融合飞行的范畴?(　　)

A. 取得适航许可的大型无人驾驶航空器的飞行

B. 取得适航许可的中型无人驾驶航空器超过真高 300 m 的飞行

C. 小型无人驾驶航空器不超过真高 300 m 的飞行

D. 轻型无人驾驶航空器在适飞空域上方不超过真高 300 m 的飞行

8. "黑飞"指的是(　　)。

A. 在夜间的飞行

B. 没有取得合法飞行执照的飞行

C. 在没有导航设备下的区域飞行

D. 在没有天气许可情况下的飞行

9. "黑飞"可能会造成哪些法律后果?(　　)

A. 被罚款或没收无人机

B. 承担刑事责任

C. 被限制未来从事飞行活动

D. 以上所有可能的法律后果

10. 未取得操作证书从事常规农用无人驾驶航空器作业飞行活动的,将受到以下哪种处罚?(　　)

A. 由县级以上地方人民政府农业农村主管部门责令停止作业,并处 500 元以上 5000 元以下的罚款

B. 由县级以上地方人民政府农业农村主管部门责令停止作业,并处 1000 元以上 1 万元以下的罚款

C. 由县级以上地方人民政府农业农村主管部门责令停止作业,并处 2000 元以上 8000 元以下的罚款

D. 由县级以上地方人民政府农业农村主管部门责令停止作业,并处 1500 元以上 5000 元以下的罚款

二、问答题

1. 什么是空域?空域的定义是什么?
2. 《民用无人驾驶航空器实名制登记管理规定》的目的是什么?
3. 请简述民用无人驾驶航空器所有者进行实名登记的具体流程。
4. 操控小型、中型、大型民用无人驾驶航空器飞行的人员应当具备哪些条件?
5. 如何进行飞行计划申报?

第3章

无人机的飞行安全

无人机的飞行安全保障是整个飞行活动的一项至关重要的工作,它涉及无人机飞行的稳定性、安全性和可靠性等方面。无人机的飞行安全对于无人驾驶汽车、火箭等各种无人化技术的发展具有重要意义。无人机的安全飞行需要考虑多种因素,包括环境因素、技术因素、人员因素等。环境因素包括气候、天气、地形等因素,技术因素包括无人机的设计、控制、导航等方面,人员因素包括无人机操控人员的技能、经验等方面,它们都对无人机飞行的稳定性和安全性有很大影响。

3.1 无人机飞行前注意事项

3.1.1 操控人员注意事项

无人机操控人员在飞行前需要采取一系列的安全措施来确保无人机飞行安全,以及自身安全和他人的安全不被威胁。这些安全措施包括以下方面。

(1) 身体和精神状态评估:确保自己处于良好的身体和精神状态,没有服用影响飞行操作能力的药物或有影响飞行操作能力的疾病以及其他情况。

(2) 安全培训:完成必要的飞行和安全培训课程,充分掌握无人机的操作知识和相关的安全协议。

(3) 飞行计划:制定清晰的飞行计划,并在必要时与其他飞行空间使用者或管理部门沟通协调。

(4) 观察天气条件:查询飞行前的天气状况,不在恶劣天气如强风、雨雪或者极端温度下飞行。

(5) 飞行准备检查清单:制作一张飞行准备检查清单,确保在飞行前无人机的各个部件都经过检查并且处于良好状态。

(6) 通信设备检查:确保遥控器、智能设备和其他通信工具电量充足并且工作正常。

(7) 熟悉应急流程:了解并熟悉所有潜在飞行事故的应急流程,如无人机失控、与其他飞行器冲突等。

(8) 个人防护装备:根据需要,佩戴合适的个人防护装备,如护目镜、耳塞、头盔等。

(9) 保持通信畅通:通信设施工作正常,确保在飞行期间能与其他人保持通信联系,特别是在偏远区域进行飞行时。

(10) 确保有足够的休息时间:避免工作时间过长或疲劳飞行,确保在操作无人机时有足够的专注力。

总结来说,安全始终是重要前提,无人机操控人员在飞行前必须做好准备,包括无人机的状态检查、操控人员的准备以及对于潜在风险的认知和应对措施。在遵循规定的基础上,采取这些措施有助于降低飞行风险,提高无人机飞行的整体安全性。

3.1.2 无人机设备的操控安全

在无人机飞行前,为了确保无人机设备的操作安全,操控人员需要进行一系列的检查和准备工作。以下是针对无人机设备操作安全的一些建议的准备内容。

1. 设备检查

(1) 确保无人机所有部件完好无损,没有磨损或损坏。
(2) 检查螺旋桨是否安装牢固,是否有裂纹或弯曲。
(3) 检查无人机电池是否充满电,无任何膨胀、损坏或其他异常情况。
(4) 确保所有的固件和软件更新到最新版本。
(5) 检查飞行控制系统和传感器能否正常工作。
(6) 确保摄像头和其他附加设备都固定好并且能工作正常。

2. 功能测试

(1) 进行一次地面测试,测试无人机的起飞、悬停、转向和着陆功能,确保控制正常。
(2) 确认遥控器与无人机之间的通信连接稳定,控制命令响应正确。

3. 检查环境

(1) 确认飞行环境适合无人机飞行,检查起飞和降落区域是否有足够空间,确保安全。
(2) 考虑环境中的障碍物,确保飞行路径上没有线缆、树木、建筑物或其他障碍。
(3) 检查并确保使用的飞行区域允许无人机飞行。

4. 飞行计划与安全协议

(1) 制定一个详细的飞行计划,包括飞行路径、任务目标和预计飞行时间。
(2) 了解并遵守当地的法律法规,包括无人机的飞行高度和飞行区域的限制。
(3) 确保地面支持人员都了解飞行操作和安全距离的要求。
(4) 准备紧急措施,如返航、紧急着陆或其他应对失控或故障的程序。

5. 预防干扰

(1) 确保无人机的通信系统和遥控器使用的频段不受干扰。
(2) 如果在城市或人群密集区域飞行,确保无线信号不受周边设备的干扰。

6. 地面安全

(1) 如果有必要,设置安全围栏或标志,防止人或动物进入飞行区域。
(2) 确保所有飞行团队成员都穿戴适当的安全装备,如安全帽、高可见性背心等。

上述准备能够帮助无人机操控人员确保飞行前无人机的设备安全,但这仅是基础准备的一部分。每次飞行之前都应进行完整的检查,同时注意可能因特殊情况调整相应的准备措施。

3.1.3 飞行环境注意事项

在进行无人机飞行前,检查和评估飞行环境是至关重要的。操控人员应注意以下几个方面,以确保飞行安全。

1. 天气条件

查看当天的天气预报,了解风速、气温、降水、能见度等信息,避免在强风、暴雨、雪、雾和其他恶劣天气条件下飞行。

2. 飞行区域

确认无人机飞行区域不在限制空域内,如机场周围、军事基地或政府设施附近,确保遵守当地法规和航空规定。无人机飞行禁区如图 3.1 所示。

图 3.1　无人机飞行禁区

3. 地形障碍

评估无人机起飞和降落地点附近的地形,如山丘、建筑物、树木、电线等,规划如何避开这些障碍物。

4. 其他空中交通

识别并规避其他可能存在的空中交通,例如载人飞机、直升机、其他无人机等。

5. 个人隐私和保密性

尊重个人隐私,避免在敏感地区或可能侵犯他人隐私的地方飞行。

6. 野生动物保护

避免在野生动物栖息地或迁徙路径上飞行,因为无人机可能会干扰或惊吓到野生动物。

7. 人群控制

如果在人群附近飞行,注意保持安全距离,确保在出现问题时无人机不会对人员造成伤害。

8. 电磁干扰

了解并避免强电磁干扰源,如电信塔、微波站等,这些干扰可能会影响无人机的遥控和导航系统。

9. 本地飞行规定

了解并遵守本地区域的无人机飞行规定,不同地区可能有不同的飞行规定。

10. 飞行高度

控制飞行高度,避免接近可能存在的有人飞行器航线。

在飞行前对飞行环境进行充分了解和适当的规划,可以降低无人机飞行过程中的风险,并确保飞行是安全、合法的,对周围环境造成的影响最小。始终要记住,在遭遇任何飞行环境中的不确定因素或异常情况时,最安全的选择是推迟或取消飞行。安全第一,始终是无人机操作的核心原则。

3.2 无人机飞行中注意事项

3.2.1 操控人员注意事项

无人机飞行中操控人员需要考虑多个方面,以下是一些关于无人机操控人员注意事项的建议。

1. 培训与执照

(1) 操控人员应接受了专业的培训,并了解无人机的操作和安全准则。

(2) 如当地法律规定,操控人员应持有相应的无人机操控员执照或资格证书。

2. 预先规划

(1) 在飞行前进行细致的安全检查并制定飞行计划。

(2) 制定紧急程序和备份计划。

3. 维护适当的通信

(1) 清晰地沟通飞行任务、飞行区域和任何潜在的风险。

(2) 操控人员应在飞行期间随时保持与其他飞行员和必要时与空中交通管制(ATC)员的有效通信。

4. 使用观察员或辅助人员

如规定或在需要时,配备辅助人员,例如观察员或视觉观察员,以保证无人机在视距内(VLOS)飞行并警告任何潜在的冲突或危险。

5. 保持人身安全距离

操控人员和任何辅助人员应该避免站得过于靠近起飞和降落区域,以防无人机失控。

6. 穿戴适当的保护装备

如操作环境需要,穿戴适当的头盔、眼镜、防护手套等个人防护装备。

7. 遵守当地规定与法律

严格按照当地的无人机法规进行飞行,包括飞行高度、飞行时间以及特定环境中的操作要求,如远离人群和私人财产。

8. 飞行时保持专注

操控人员应在无人机飞行中避免分心,专注于操控无人机,避免同时进行其他活动。

9. 环境意识

时刻保持对周边环境的警觉,特别注意其他低空飞行的航空器和地面上的障碍物。

10. 备用充电器和电池

确保携带足够的备用电池,并且所有电池均充满电,避免由于电力不足而引发意外。

11. 健康状态

操控人员在进行飞行操作之前,确保身体健康状况良好,不受疾病、疲劳、药物、酒精或其他影响判断与反应能力的因素影响。

操控人员应始终确保在飞行前、飞行中和飞行后的全过程中遵守所有安全规程,并采取适当措施预防潜在的安全风险。安全是无人机操作的最高原则。

3.2.2 无人机设备的操控安全

确保无人机飞行中的设备操控安全是至关重要的,不仅为了确保所操作设备本身的安全,也为了确保地面人员、其他航空器和建筑物的安全。以下是一些确保无人机设备操作安全的关键步骤。

1. 严格的预飞行检查

在每次飞行前进行彻底的检查,确认电池已充满电、固件已更新、无人机和控制系统的所有组件工作正常。

2. 了解和遵守规则

熟悉当地、国家和国际无人机飞行法律法规,并遵守相应的飞行高度、飞行距离、空域限制和隐私保护规定。

3. 适当的环境和天气条件

选择适合飞行的环境和天气条件。风速、降雨、温度和视线条件都会影响飞行安全。

4. 充足的练习和培训

操控人员应接受充分的专业培训,并在受控环境中进行大量的飞行练习,确保能够熟练操作无人机。

5. 安全的飞行区域

选择一个开阔且没有人或障碍物的飞行区域,并确保不会侵犯他人隐私权益。

6. 有效的通信链路

确保无人机与控制器之间的通信连接稳定,以防止控制中断或数据传输延迟。

7. 准备应急计划

拥有针对失控、通信丢失或其他技术问题的应急计划,并且熟练掌握紧急操作程序,比如返航、降落等。

8. 避免干扰

避免周围可能影响无人机操作的无线电频率干扰,包括高压线、广播塔、手机信号塔等。

9. 技术维护

定期对无人机进行维护,更新软件,检查零件磨损情况,并及时更换任何损坏或过度磨损的组件。

10. 电池管理

确保电池处于良好状态,避免使用损坏或已经深度放电的电池。

遵循上述步骤,操控人员可以显著降低无人机飞行操作的风险,并确保执行安全的、负责任的无人机飞行任务。安全应当是任何无人机操作的首要考量,保障无人机、操作者和周围环境的安全无疑是飞行任务成功的关键。

3.2.3 飞行环境注意事项

在操控无人机飞行时,必须对飞行环境进行详细评估,以确保飞行操作的安全和合规。以下是无人机飞行中需注意的环境事项。

1. 遵守空域规定

确认无人机飞行空域,了解飞行是否受到限制,例如禁飞区、受控空域或临时飞行限制等。

2. 天气条件

测试飞行当天的天气状况,包括风速、风向、降雨、雷暴、雾和其他恶劣天气情况,以评估飞行是否安全。

3. 可见度

飞行需要良好的可见度,操控人员应确保在任何时候都能保证无人机在视距内(VLOS)运行。

4. 地形和障碍物

了解飞行区域的地形,识别任何可能影响飞行的障碍物,如建筑物、树木、电线、通信塔等。

5. 人口密集区域

避免在人口密集的地区进行无人机飞行操作,除非有恰当的措施确保人员安全,例如获得必要的许可和采取额外的预防措施。

6. 野生动物保护区与自然保护区

确保飞行活动不会干扰野生动物栖息或违反环境保护法规。

7. 无线电频率干扰

意识到可能的无线电频率干扰源,比如高压电线、雷达站、通信塔等,并避免在这些干扰源附近飞行。

8. 注意附近机场或直升机起降点

随时确认是否靠近机场、直升机起降点或其他航空设施,若是,需按照相关规定采取措施,可能需要获得额外的授权。

9. 隐私和安全问题

(1)尊重他人隐私,避免在无授权的情况下对他人的住所进行拍摄或监视。

(2)避免在政府设施、军事基地或其他高安全敏感度的区域附近飞行。

10. 灯光条件

如果在黎明、黄昏或夜间飞行(如果法律允许),则要确保无人机装备了足够的照明设备,以便看清无人机以及识别其位置和方向。

11. 国土安全和文化古迹

按照当地和国际法律规定,在敏感区域,如国家公园、历史遗址和文化古迹,无人机飞行可能会受到更严格的限制。

始终将安全放在首位。无人机操控人员应在进行飞行活动前充分了解并评估飞行环境,采取适当举措以确保飞行安全且不违反任何法律规定。

3.3 无人机飞行后注意事项

3.3.1 操控人员注意事项

无人机飞行后操控人员注意事项不仅涉及对设备的适当处理,也涉及个人和他人的安全。以下是无人机飞行后操控人员应该考虑的一些安全事项。

1. 设备关闭和收纳

(1)在无人机降落之后,按照制造商的指南关闭设备,确保所有的电源都被关闭。

(2)将无人机和控制设备妥善收纳,以防止损坏。

2. 数据安全

如果无人机携带存储器以记录数据或拍摄照片、视频,应确保这些数据安全存储,必要时进行备份,并管理好这些数据以保护隐私和遵守法律。

3. 电池处理

确保电池在使用后处于安全状态,避免过充或过放,并将电池妥善存放在专用的电池安全包中,避免受高温、阳光直射或高湿环境影响。

4. 设备检查和清洁

定期检查机体和附件,如螺旋桨和相机,查看是否有损坏,是否需要清洁或修理。

5. 保护和存储规定

遵循正确的保护和存储规定,确保无人机及其配件放置在干燥、通风和温度适宜的地方。

6. 健康与安全标准

无人机操控人员应关注自己的身体情况,如长时间的操控可能导致眼睛疲劳、颈部和背部不适等情况,应适当休息和采取必要的健康措施。

7. 跟踪和记录

将飞行的详细信息记录在飞行日志中,这有助于未来的规划和发生了任何事故的调查。

8. 遵循后续程序

如果在飞行过程中遇到了任何事故,如与其他航空器的靠近事件或设备损坏,应遵循相关程序和规定进行报告。

9. 意识和心理健康

操控人员在飞行后应评估自己的健康状态,操控无人机飞行可能会引发焦虑或压力,需要适当的休息和心理压力管理。

10. 熟悉应急响应

知悉并熟悉在发生紧急情况(如设备故障或事故)时的应急响应流程。

总的来说,无人机飞行后的安全措施是确保无人机长期、可持续和合规运营的关键。无人机操控人员应始终注意自身及他人的安全,并确保遵循所有必要的后续步骤,包括设备的检查、保养和适当存储。

3.3.2 无人机设备的操控安全

无人机飞行任务完成后,确保无人机设备的操控安全是至关重要的。这不仅有助于保持无人机的长期使用性能,而且可以防止无人机对操控人员或旁观者造成伤害。以下是一些无人机飞行后的操控安全措施。

1. 正确关闭无人机

按照制造商的指导手册来关闭无人机电源,确保所有的旋翼已停止转动,并且断开电池连接。

2. 检查和清理设备

(1) 检查无人机配件,尤其是旋翼叶片,看是否有弯曲、裂缝等损坏情况或异物黏附。

(2) 清除任何可能妨碍无人机正常功能的灰尘、碎片或水分。

3. 卸下电池并进行检查

从无人机中取出电池,在存储之前检查有无膨胀、过热或其他任何损坏的迹象。

4. 安全存放电池

将电池放入防火、防爆的安全袋中,避免将电池暴露在极端温度或潮湿环境中。确保电池不会短路,将电池存放在远离易燃物和金属物品的地方。

5. 设备存放

把无人机和所有相关配件放在干燥、通风而且恒温的环境中,并装入适当的保护箱或背包中,减轻碰撞和振动的影响。

6. 保养和维护

执行定期维护,如旋翼校准、软件更新和零件更换,按照制造商的建议时间表进行。

7. 耗材与备件管理

对于如旋翼叶片、着陆垫等易损耗部件,确保有适当的库存,以便及时更换。

8. 遵守制造商的维护指南

遵循制造商或认证机构的维护和操作指南。

通过这些措施,无人机操控员不仅可以确保设备的安全性,还能延长无人机的使用寿命,并减少意外事故的发生。

3.3.3 飞行环境注意事项

无人机飞行任务完成后,飞行环境的恢复也是至关重要的,以确保对自然环境或周围区域没有负面影响。以下是飞行结束后的飞行环境注意事项。

1. 环境恢复

确保飞行活动没有破坏自然环境,比如没有损坏植被、干扰野生动植物或留下垃圾。

2. 物理障碍物的恢复

如果为了飞行需要暂时移动或改变任何物体(如障碍物),飞行完毕后应恢复原状。

3. 监测扰动

监测无人机飞行是否对野生动物造成干扰,比如鸟类是否离开了巢区。

4. 回收垃圾和遗留物

收集并适当处理飞行过程中产生的所有垃圾和废弃物,不留下任何环境污染物。

5. 检查是否有遗留的设备或工具

确保所有用于飞行或辅助飞行的设备、工具和辅助物都已收回,没有遗留在飞行区域。

6. 与公众交流

如果飞行区域在公共场所或近处有人居住,与周围社区或个人沟通,确认飞行活动没有对他们造成不便。

7. 遵守特殊许可和法规

确保所有飞行活动遵守当地关于环境保护和航空法规的要求,比如特殊许可规定、保护区规定等。

8. 潜在危险的评估

分析无人机飞行可能带来的潜在危险,譬如因降落而被扰动的岩石、土壤等,并采取相应措施减小相关风险。

9. 后续监测

如果无人机被用于监测类的任务,确保在飞行后完成所有必要的数据收集和后续监测活动。

10. 环境影响评估

对飞行活动的环境影响进行评估,如果发现潜在的负面效应,考虑在未来的飞行操作中采取降低影响的措施。

基于这些注意事项,无人机操控人员不仅能够确保环境的安全性和完整性,还符合可持续飞行要求,体现出强烈的社会责任感。

无人机的广泛应用使得它在各个领域发挥着重要作用,如航拍、测绘、农业、物流等。然而,随着无人机数量的增加,飞行安全问题也日益凸显。确保无人机飞行安全不仅关乎操控人员的生命安全,还涉及公共安全和隐私保护。

首先,无人机飞行安全直接关系到操控人员的生命安全。在飞行过程中,无人机可能面临各种风险,如机械故障、信号干扰、恶劣天气等,如果不采取适当的安全措施,这些风险可能导致无人机失控、坠毁,从而对操控人员造成伤害甚至危及生命。

其次,无人机的飞行安全与公共安全息息相关。无人机在人口密集区或敏感区域飞行时,如果发生意外,可能会对周围人员和财产造成威胁。此外,无人机如果失控或坠落,可能会撞击其他飞行器、建筑物或电力设施等,引发严重的事故。

最后,无人机还涉及隐私和数据安全问题。无人机可以搭载摄像头和其他传感器,能够收集到大量的图像和数据。如果这些信息被不当使用或泄露,将对个人隐私和数据安全构成威胁。

为了确保无人机飞行安全,需要采取一系列措施,包括加强无人机的设计和制造质量、培训和提高操控人员的技能、建立健全的法规和监管制度、加强对无人机的监控和追踪等。只有通过综合的努力,才能有效降低无人机飞行事故的发生率,保障公众安全和社会稳定。无人机飞行安全对于保障操控人员的生命安全、维护公共安全、保护隐私和数据安全具有重要意义。我们应高度重视无人机飞行安全问题,采取有效措施,确保无人机在安全、合规的环境下运行。

课 后 练 习

一、选择题

1. 无人机操控人员在飞行前,以下哪项不属于必要的安全措施?(　　)
   A. 身体和精神状态评估　　　　　　B. 参加娱乐活动放松
   C. 飞行计划制定　　　　　　　　　D. 观察天气条件

2. 在无人机飞行前,以下哪项不是设备检查的内容?(　　)
   A. 检查螺旋桨是否有裂纹　　　　　B. 检查遥控器是否外观精美
   C. 检查电池是否充满电　　　　　　D. 检查飞行控制系统是否正常工作

3. 在无人机飞行前,以下哪项不是操控者应检查和评估的飞行环境方面内容?(　　)
   A. 天气条件　　　　　　　　　　　B. 个人兴趣爱好
   C. 飞行区域　　　　　　　　　　　D. 地形障碍

4. 以下哪项不是确保无人机设备操控安全的关键步骤?(　　)
   A. 定期进行设备检查　　　　　　　B. 忽略当地法规进行飞行
   C. 选择合适的飞行环境和天气条件　D. 准备应急计划

5. 以下哪项不属于无人机操控人员注意事项?(　　)
   A. 飞行前不进行安全检查　　　　　B. 操控人员接受专业培训
   C. 保持人身安全距离　　　　　　　D. 遵守当地规定与法律

6. 为确保无人机飞行安全,应避免以下哪种情况?(　　)
   A. 定期对无人机进行技术维护　　　B. 在开阔且无障碍物的区域飞行

C. 注意周围可能的无线电频率干扰　　　D. 使用损坏的电池

7. 在无人机飞行中,以下哪项不是需要注意的环境事项?(　　)

　　A. 遵守空域规定　　　　　　　　　B. 选择喜欢的飞行地点

　　C. 天气条件　　　　　　　　　　　D. 可见度

8. 无人机应避免在以下哪个区域飞行,除非有恰当措施确保人员安全?(　　)

　　A. 空旷的田野　　　　　　　　　　B. 人口密集的地区

　　C. 无人的山区　　　　　　　　　　D. 公园

9. 无人机飞行结束后,以下哪项不是操控人员应该考虑的安全措施?(　　)

　　A. 立即将电池充电　　　　　　　　B. 按照制造商指南关闭设备

　　C. 检查设备是否有损坏　　　　　　D. 确保数据安全存储

10. 无人机飞行任务完成后,以下哪项不是飞行环境后续的必要操作?(　　)

　　A. 检查是否有遗留的设备或工具　　B. 举办飞行经验分享会

　　C. 确保环境恢复　　　　　　　　　D. 回收垃圾和遗留物

二、问答题

1. 请简述保障无人机操控人员安全的建议。

2. 请阐述确保无人机设备操控安全的关键步骤。

3. 在无人机飞行中,需要注意哪些环境事项以确保飞行操作的安全和合规?

4. 无人机飞行结束后,操控人员应考虑哪些安全措施?

5. 无人机飞行结束后,为确保设备操控安全应采取哪些措施?

第 4 章

航拍无人机的安全飞行

HANGPAI WURENJI DE ANQUAN FEIXING

随着民用无人机的普及,摄影的航拍时代已经来临,许多摄影人也纷纷加入航拍队伍,因为无人机能让机位自由移动,可以很便利地通过各种角度去取景。不管是新手还是老手,安全飞行比拍摄更重要,安全飞行是航拍作业的基础。为了确保飞行的安全性,操控人员需熟悉法规、保持技术能力和关注环境安全,这些是确保航拍无人机飞行安全的关键。操控人员应始终遵守相关规定并采取适当的措施,以保证飞行的安全性和可持续性。

4.1 航拍无人机的机型

说起航拍(本章所述航拍皆为影视用途)无人机,大疆已经成为行业代表。但航拍无人机不仅仅只有大疆公司的产品。

按飞行平台构型来分,无人机有固定翼无人机、无人直升机、伞翼无人机、扑翼无人机和无人飞艇等。

2024年1月1日施行的《无人驾驶航空器飞行管理暂行条例》根据空机重量和最大起飞重量将无人机划分为微型、轻型、小型、中型、大型等。目前影视航拍所用的无人机,大部分为空机重量不超过4 kg的轻型无人机,以及空机重量不超过15 kg且最大起飞重量不超过25 kg的小型无人机。

选择合适的航拍无人机机型是一个关键环节,以下是需要考虑的一些因素。

1. 安全稳定性

安全稳定性,是选择航拍无人机的首要参考标准。毕竟再好的航拍相机、再酷的外形设计、再多的航拍功能,如果没有安全稳定的飞行,一旦"炸机",一切就都没有意义。

而要保证无人机的安全稳定和操控方便,需要优秀的飞控系统、良好的云台系统、稳定的图传系统、必要的避障系统等,这些都是考验厂商技术实力的方面,也是区分无人机不同档次的重要因素。

2. 航拍画质

选择航拍无人机,自然希望能够拍出高清、细腻的图像和视频。

这里的"高清",指的是图像的分辨率,早期物理分辨率达到1280×720,也就是常说的720P,就可以称为高清了。

而对于航拍无人机,要做到飞行到一定高度后拍摄的画面在放大后能保证一定的清晰度,要求至少800万的像素值,即摄像头的分辨率至少达到4K。

分辨率低于4K的摄像头通常只能提供无人机第一视角,方便更好地操控无人机,而其拍摄效果往往就不如意了。

除此之外,相机的传感器尺寸、镜头光圈、视角大小等也都会影响航拍的画质,这里每一项都可以展开说明,但对于普通用户来说,只需要记住以下几个简单原则就好:

① 航拍相机的传感器越大,画质越清晰,色彩越真实;

② 镜头光圈越大,进光量越足,夜景效果越好;
③ 镜头焦距越大,有效可视距离越远。

3. 云台防抖

除了图像画质,航拍稳定性也是判断航拍无人机质量的重要因素,而无人机的航拍稳定性或者说防抖功能主要通过云台来实现,如图 4.1 所示。

图 4.1 云台

无人机的云台是无人机用于安装、固定摄像机的支撑设备,目前主要有 3 种:固定云台、两轴机械云台、三轴机械云台。

固定云台直接将相机与无人机固定在一起,它没有防抖功能,航拍画质也比较差,通常只有玩具级无人机配置。

三轴机械云台则利用云台内置的陀螺仪和电机控制,在无人机运动时,施加与相机 X、Y、Z 轴三个方向相反的作用力,以防止相机跟着无人机晃动,从而实现相机的防抖。

目前中高端无人机一般都配备三轴机械增稳云台,再辅以电子防抖(EIS),以保证画面的稳定。

两轴机械云台则取消了垂直方向的防抖,仅对相机进行水平方向(XY 平面方向)的运动补偿,这样可以降低无人机的耗电,但是防抖效果有所下降,多为入门级无人机配置。

4. 图传距离

图传的作用是将无人机上相机的实时画面传输到操控员的手机或遥控器屏幕,图传的有效距离和信号稳定程度决定了无人机的活动范围,是影响航拍体验的重要因素之一。

主流的无人机图传方式大概有 5 种(OFDM、COFDM、Wi-Fi、Lightbridge 数字图传、模拟图传),而我们常见的图传方式可以简单理解为两种:Wi-Fi 图传和数字图传。

Wi-Fi 图传是基于 Wi-Fi 通信协议的一种实时图像传输方式。其优点在于技术成熟、成本低廉,应用比较广泛;但缺点也十分明显,如时延高、抗干扰性差、传输范围小。目前多数低端航拍无人机和玩具级无人机使用这类图传方式。

数字图传使用单向图像数据传输,类似于高处的电视广播塔广播的数据传输形式,解决了实时无线图像传输的问题,并且大大提升了图像传输距离,使得无人机能飞得更远、操控更稳定。目前主流的航拍无人机都采用数字图传方式。

5. 续航时间

航拍无人机的续航时间也是需要格外注意的。

限于电池技术的瓶颈,目前无人机通常都不支持太长的续航时间,高端航拍无人机一般在 30～50 min,而低端或玩具级无人机一般都在 10 min 左右。

所以,使用航拍无人机通常会建议至少多备一块电池,或者购买多电池组配件套装,以保证有更好的飞行体验。

6. 其他

除了以上基本因素之外,还有一些需要额外关注的方面,比如便携性、防水、智能模式、售后服务等,用户需要根据自己的需求来综合考虑。

4.2 常见的航拍无人机

4.2.1 航拍直升机

图 4.2 所示为无人机鼻祖 Flying-Cam 航拍直升机,曾获得两届奥斯卡科学与工程奖、技术与工程艾美奖。

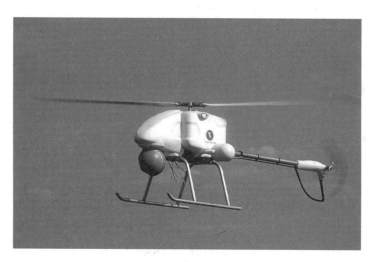

图 4.2 Flying-Cam 航拍直升机

Flying-Cam,由比利时 F3C 冠军 Emmanuel Previnaire 创立,在无人直升机上安装电影摄像机,最早为纯手控操作,视距内飞行,后续产品演变为自动飞控。Flying-Cam 公司无人直升机拥有 SARAH 和 DISCOVERY 两大系列。SARAH 系列使用电池,最大起飞重量为 25～34 kg,DISCOVERY 系列使用涡轴发动机,最大起飞重量为 75 kg。

Flying-Cam 搭载 RED 摄像机和其他电影摄影机,一人控制直升机(飞手),另一人控制镜头(云台手),已经参与了《007:大破天幕杀机》、《哈利·波特》系列、《变形金刚 4》、《达·芬

第 4 章 航拍无人机的安全飞行

奇密码》《美国队长》等好莱坞电影的拍摄,也参与了《满城尽带黄金甲》《二次曝光》《一步之遥》《后会无期》等电影的拍摄。

4.2.2 影视级多旋翼航拍无人机

对于数码产品而言,最大的,不一定就是最好的。

1. 大疆悟 3

2023 年大疆发布的悟 3,是剧组目前最常用的影视级航拍无人机。如图 4.3 所示,经过 3 年多的开发测试,全新悟 3(Inspire 3)在机身设计、影像系统、飞行系统、图传控制系统上得到了全面提升,全画幅云台相机禅思 X9-8K Air,最高可以拍摄 8K/25 帧的 CinemaDNG 视频和 8K/75 帧的 Apple ProRes RAW 视频。

图 4.3 大疆悟 3 无人机

大疆悟 3 参与由张艺谋执导的电影《满江红》的拍摄,也是目前国内一流航拍团队使用的主力航拍设备。

2. 大疆御系列(Mavic series)和 Air 系列

大疆御系列、Air 系列虽然是消费级别的无人机,却是初学者在影视航拍中最常使用的机型。

首先,它相对不贵,最贵的御 3 Pro 套装 2 万多元;其次,相比其他航拍无人机,大疆御系列适合单人操作,能节约费用,非常适合小型剧组或制作团队,甚至有的小剧组是地面的摄影师同时担任航拍摄影师。如图 4.4 所示,大疆御 3 Pro 无人机搭载 4/3 CMOS 哈苏相机和双焦段长焦相机,续航 43 min。如图 4.5 所示,大疆 Air 3 无人机搭载 1/1.3″ CMOS 广角相机和 3 倍中长焦相机,续航 46 min。

3. 志翔航拍 Z1 航拍无人机

图 4.6 所示为志翔航拍(即长沙志翔智能科技有限公司)在电影拍摄中使用的 Z1 航拍无人机,采用进口东丽碳纤维、航天航空工业专用 7075 方坯铝合金、435 钢定制轴及螺钉、火箭、导弹与高速飞机专用钛合金螺钉、单晶铜特富龙线材等高性能材料全手工组装的四轴八旋翼,最大负载为 35 kg,最大起飞重量为 50 kg,可挂载带 UP 或者 MP 电影级镜头的 ALEXA Mini 电影摄影机(见图 4.7),可加装无线跟焦附件及小型 ND 加遮光罩航拍,能适应 5000 m 高海拔环境。

图 4.4　大疆御 3 Pro 无人机

图 4.5　大疆 Air 3 无人机

图 4.6　志翔航拍在电影拍摄中使用的无人机　　图 4.7　Z1 航拍无人机搭载的摄像机

志翔航拍后续开发研制的 Z1 plus 航拍无人机,最大负载超过 53.5 kg,最大起飞重量达到 80 kg。

志翔航拍参与拍摄的国内电影包括《乘风破浪》《送你一朵小红花》《你好,李焕英》《我和我的祖国》等。

4. 其他航拍无人机

图 4.8 所示为荷兰无人机公司 Acecore Technologies 的 Noa 航拍无人机,最大负载为 20 kg,防风防雨,甚至防火球。

图 4.8　Noa 航拍无人机

图 4.9 所示为 Freefly Systems 公司的 Alta X 航拍无人机,机架可折叠,最大负载为 15.8 kg。

图 4.9　Alta X 航拍无人机

图 4.10 所示为 Shotover U1 航拍无人机,由重型陀螺仪航拍云台制造商生产,最大负载为 33 kg。

图 4.10　Shotover U1 航拍无人机

图 4.11 所示为大疆 DJI STORM 航拍无人机,最大负载为 18.5 kg。

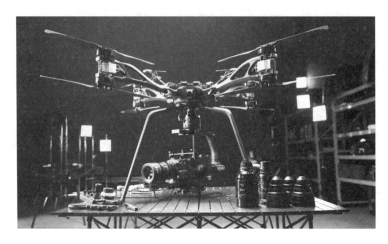

图 4.11　大疆 DJI STORM 航拍无人机

4.2.3　穿越机

相对于传统的航拍无人机,穿越机使用第一视角,具有高速、灵活的特点,能拍出视觉效果更加炫酷、具有沉浸式体验的画面,近年来备受欢迎。例如,在韩寒导演的电影《飞驰人生》中,已经出现了大量使用穿越机拍摄的画面。图 4.12 所示为混合重型穿越机。

图 4.12　混合重型穿越机

该混合重型穿越机拥有八旋翼的机身,搭载大疆 Ronin SC2 pro 云台,可安装 RED KOMODO、Z CAM 等电影摄影机。混合重型穿越机至少需要两人操作,飞手操作穿越机,云台手专注于画面。

图 4.13 所示为重型穿越机,采用固定方式+机械减振装置,搭载 RED KOMODO 等电影级摄影机。此类型穿越机一般由单人操作,更加依赖飞手的航拍经验,以保证画面的流畅和构图的精准,符合导演的要求。

图 4.13　重型穿越机

图 4.14 所示为最常见的标准穿越机，搭载 GoPro 或大疆 Osmo Action 等运动类相机，适合在狭小空间、林地或林间追踪。

图 4.14　标准穿越机

3 寸圈圈穿越机或涵道无人机，搭载去掉外壳的运动相机，可以在狭小又需要近距离拍摄人和景时使用，又称微型穿越机，如图 4.15 所示。

图 4.15　微型穿越机

相比传统的航拍无人机，穿越机更容易"炸机"，绝大多数时候都需要自己组装和调试，当然也有已经组装好到手即飞的穿越机，例如大疆 Avata 穿越机和 FPV 穿越机，如图 4.16 和图 4.17 所示。

操控员不管是操作传统的航拍无人机，还是穿越机，都需要非比寻常的技巧和耐心，必须积累相当多的专业知识和实际操作经验才能胜任航拍摄影师的工作。

无人机速度极高，上面搭载的设备价格极其昂贵，加上拍摄环境可能有演员或者围观者，故必须将安全放在第一位。

图 4.16　大疆 Avata 穿越机

图 4.17　大疆 FPV 穿越机

4.3　大疆御 2 的操作

大疆御 2 的具体操作步骤如图 4.18~图 4.23 所示。

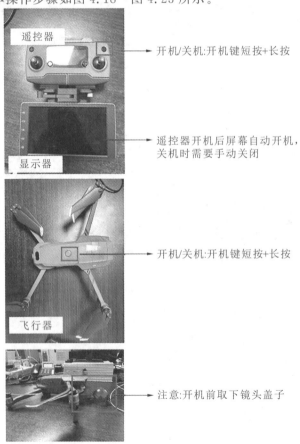

图 4.18　第一步:开机/关机

第 4 章 航拍无人机的安全飞行

选择:手动飞行

注意:如指南针异常,点击校准,按提示旋转机身,完成校准

注意:调整摇杆模式,默认为美国手(左摇杆负责同一坐标纵轴活动,右摇杆负责同一高度平面活动),中国手与之相反

图 4.19 第二步:选择模式及基本设置

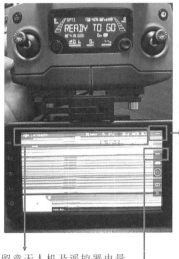

返航高度:指自动返航时,无人机移动到设置高度就返航降落

限高:指除禁飞区外,能飞到的最大相对高度

限远:指无人机能飞到的最远相对水平距离

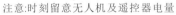

注意:时刻留意无人机及遥控器电量

相机设置:设置相机、摄像机的模式、格式、白平衡等参数,设置储存位置

图 4.20 第三步:检查指标参数

启动:将无人机放在空旷平整的地面或平台。同时拉动摇杆呈外八或内八字,无人机将启动旋转桨叶

起飞:启动后向上推动左侧摇杆(美国手),飞机将垂直起飞
注意:建议缓慢推动

飞行:起飞后观察飞行姿态,随后可操纵平面移动

图 4.21 第四步:起飞

第4章 航拍无人机的安全飞行

左侧滚轮:调整镜头俯仰角度
右侧滚轮:调整镜头焦距
左侧按键:视频录制开关。按一下开始录制,再按一下停止录制
右侧按键:拍摄按键,轻按对焦,深按拍照

点击屏幕也可完成拍摄

图 4.22 第五步:拍摄

自动返航:点击即可,自动返回起飞地点(速度相对较慢)

也可根据飞行地图寻找无人机位置,手动返航(速度相对较快),手动返航降落到离地面1 m距离后将自动悬停,继续向下推动摇杆则完成降落

图 4.23 第六步:返航

大疆御2操作的其他说明如下。

(1) 单击电源键即可查看电池电量。

(2) 遥控器和飞行器开机、关机都是按两下开关键,第二下要按住,听到蜂鸣声后表示

开启或者关闭。

(3) 开机后先模拟飞行,再去户外飞行,模拟方法如下:下载 DJI GO 4 APP,注册登录,在左上角选"御 2",点击右上角菜单,选择"学院",出现"模拟飞行",点击"进入"即可。安卓最新版 DJI GO 4 APP 已经不再支持模拟飞行,如需模拟飞行,请联系大疆售后索要低版本的软件。

(4) 大疆御 2 无人机给电池充电的整流器侧面已经集成一根数据线专门用于给遥控器充电(插入时请当心,否则会导致内部接口断裂)。

(5) 遥控器右边侧面有一个模式切换开关,包括"S""P""T"三种模式,一般都用 P 模式。S 模式为运动模式,机动性增强,但避障和智能飞行模式(一键短片、智能跟随)全部禁用;P 模式为普通模式,机动性一般,左右避障失效(开启三脚架模式、智能跟随除外);T 模式为避障模式,机动性极弱,但全避障开启,能够最大限度保护主动飞行时的安全。

(6) 大疆御 2 无人机专业版:遥控器的左前方波轮控制云台的上下俯仰,右前方波轮控制图像的亮度。

大疆御 2 无人机变焦版:遥控器的左前方波轮控制云台的上下俯仰,右前方波轮调整焦距。

(7) 视频(或照片)可以通过与无人机连接进行下载,手机下载时支持 1080P 视频,但不支持 4K 视频,如需 4K 视频,请拔出内存卡在电脑上导出,内存卡在机身右侧(用完记得放回去)。

(8) 充电管家充电是依次进行的,优先充电量最高的那块电池。

(9) 照片或视频拍出来灰蒙蒙的,这是因为开启了 D-Log 模式和用 RAW 格式拍摄。连接飞行器时手机屏幕的拍照和摄像按钮下方有一个模式设置,调整成普通、鲜艳或柔和即可。

(10) 关于画质大小,如果用手机剪辑视频,则 1080P 60fps 足矣,如果需要在电脑端后期处理,则可以选 4K。

4.4 航拍的基本技巧

4.4.1 概述

航拍作为一种独特的拍摄方式,融合了飞行技术与影像艺术,要求操作者不仅熟练掌握飞行技巧,还要有良好的审美和影像创作能力。在拍摄前,明确拍摄对象、环节、场景和环境等要素是至关重要的,这有助于制定合理的飞行计划和拍摄策略。

"航拍"一词为两个字,首先是"航",要飞行且安全飞行,然后是"拍",要明白拍什么、怎么拍到以及怎么拍好。

要拍什么,是要提前想清楚的事情。任何剧组在开拍之前,都会有接下来或者第二天的通告流程单(如节目单等)。

提高审美能力,有助于理解要拍什么和怎么拍。审美,在于积累。

提高审美水平对于航拍而言至关重要,因为它直接影响拍摄者对画面的把握。审美的培养是一个长期积累的过程,涉及多种艺术形式的欣赏和学习,如建筑、音乐、绘画、雕塑、诗和舞蹈等。通过阅读、听音乐、参观博物馆和艺术展览等方式,拍摄者可以不断提升自己的审美水平。

审美水平的提高不可能在一夜之间完成,学习不是一段时间的事,终究是学到终身。

在影视艺术领域,一流的航拍操作者除了了解无人机的基础构成及作用、基础的飞行原理和控制技术、气象基础知识、飞行动力学基础知识和摄影摄像基础知识(光圈,镜头种类,镜头运用,镜头运动,调焦距、焦段、白平衡、光线和色彩,测光,准确曝光,构图,场景机位切换)之外,还需要掌握一系列专业知识,包括剧本写作、光影视觉理论、色彩知识与后期调色、构图技巧、运动镜头设计、影像思维、照明技巧、剪辑思维、影视创作心理学以及场面调度等。同时,他们对表演、美术、录音和制片等领域也要有所了解,以便更好地与团队成员协作。

将导演或摄影指导的要求转化为航拍无人机实际拍摄的影像,同样需要一个实践和积累的过程。在拍摄现场,操作者需要根据导演或摄影指导的要求,灵活调整拍摄角度、高度和速度等参数,以呈现出最佳的画面效果。有时可能需要拍摄出宏伟的远景、广阔的画面,有时也可能需要拍摄出极限紧张刺激感、时光隧道感或惊险恐怖感等特定氛围感。

简而言之,航拍是综合性很强的艺术和技术结合体,要求操作者具备全面的素质和能力。只有通过不断学习和实践,提升自己的飞行技巧、审美水平和影像创作能力,才能在这个领域取得更好的成绩。

4.4.2 航拍设备使用

在使用无人机进行航拍或执行其他任务时,首先需要对器材有深入的了解。这不仅包括无人机的技术规格,还包括其性能特点、操作方式、安全限制等。熟悉无人机设备的一些建议如下。

(1) 阅读手册:详细阅读无人机的使用手册或操作指南,这是了解无人机的所有功能和限制的最直接、最正规的方式。

(2) 了解技术参数:如最大起飞重量、最大飞行速度、飞行距离、电池续航时间、信号传输距离、最大起飞海拔等。这些参数不仅影响无人机的性能,还直接关系其安全使用。

(3) 积累飞行经验:除了理论学习外,实际的飞行经验也非常重要。不断地进行飞行实践,可以更直观地了解无人机的性能,并熟悉其操作方式。

(4) 注意安全限制:无人机的使用有一定的安全限制,如禁飞区、限高、限距等。在飞行前,一定要了解这些限制并遵守规则,以确保飞行的安全。

(5) 了解特殊环境:不同的环境对无人机的性能会产生不同的影响,例如,高原地区的大气压力低,可能会影响无人机的性能;海风、沙尘等恶劣天气和环境也可能对无人机造成损害。因此,在特殊环境下飞行时,操作者需要特别注意。

(6) 持续更新知识:无人机技术发展迅速,新的机型和功能不断涌现。因此,无人机操作者需要不断学习新知识,以适应技术的发展。

以大疆御 3 Pro 无人机为例,其最大起飞海拔为 6000 m,但这只是一个理论值,实际使用时还需要考虑其他因素,如天气、空气质量、无人机的实际状态等。在高原地区飞行时,一定要特别注意这些因素,确保飞行的安全。

另外,已经停产的大疆御 2 Pro 无人机在海拔 8000 m 以上也能起飞(其理论最大起飞海拔为 6000 m),曾有登山队凭此无人机发现失踪队员并挽救了其生命。虽然是个例,但也说明了在实际应用中,需要根据具体情况来判断无人机的适航性。同时,这也体现了无人机在特殊环境下的潜力和价值,如在搜救、侦察等任务中,无人机可以发挥重要作用。

4.4.3 航拍技巧

操作者在航拍中要正确定位自己,即首先是摄影人,其次才是飞手。航拍技巧可归纳为"五要五不要",即一要角度不要高度,二要时机不要随机,三要空间不要平面,四要特点不要贪全,五要质量不要数量。

1. 要角度不要高度

"构图为王",摄影都离不开这一条,航拍也不例外。恰恰无人机给了我们更大的自由度,如三分法,两分法,黄金分割、对称、斜线、曲线构图等,都可以通过飞行轻松实现角度的变化。航拍角度示例如图 4.24 所示。

图 4.24 航拍角度示例

2. 要时机不要随机

拍摄时天气、光线很重要,要学会等天气。比如晴天时天空通透,雨后可能有云雾出现,早晚日出日落时光线柔和,雪后的古建筑很独特,这些都是航拍的最佳时机。在拍摄中要学会利用飞鸟、人物或汽车、火车来组织画面,要了解环境,学会守候。航拍时机示例如图 4.25 所示。

3. 要空间不要平面

目前大疆精灵系列无人机自带的相机一般都是固定的广角镜头,要充分利用广角镜头近大远小的特点来展示画面的空间,学会利用前景;飞行前在大脑中要有空间感;没有特殊的线条画面形式感,不要轻易垂直拍摄地面,尽量要留出天空的位置。航拍空间示例如图 4.26 所示。

图 4.25　航拍时机示例

图 4.26　航拍空间示例

4. 要特点不要贪全

航拍视频大多是高空大场面，非常人视角，一定要把有特点的建筑或标志拍进画面中，尽量提高画面的识别度。

5. 要质量不要数量

航拍不是比谁拍的片子多，而是比谁拍得好，因此航拍要提前做好功课。

感光度要低。无人机航拍的成像质量不尽如人意，因此要把相机的感光度尽量设置低一点或设为 100。照片格式设为 RAW+JPG。

夜景拍摄时前臂灯要关掉，防止眩光冲入画面。

慢门拍摄时要等无人机稳定后再按快门，多拍几张，提高成功率。

航拍夜景示例如图 4.27 所示。

航拍技巧小结：在角度、时机、空间、特点和质量五个方面中，最重要的还是角度，请大家切记！摄影人是用无人机来拍片的，拼的不是飞行技能，而是构图，即角度。

图 4.27　航拍夜景示例

4.4.4　航拍技巧的提升

1. 从模拟器开始

在熟悉手中的航拍无人机后，可以使用模拟器进行飞行练习，提前体验虚拟飞行。

图 4.28 所示为模拟器软件界面和操作图示。

穿越机模拟器软件 VelociDrone FPV Racing Simulator 界面如图 4.29 所示，该模拟器可选择不同大小、类型的穿越机，并进行自定义设置。

模拟器软件 VelociDrone FPV Racing Simulator 可模拟多种环境，如城市环境的赛道，见图 4.30。

使用模拟器进行虚拟飞行的特点如下。

（1）安全性　模拟器提供了一个安全的环境场景，让操作者可以在没有实际风险的情况下进行练习。在模拟器中，操作者可以模拟各种飞行环境和情况，从而熟悉无人机的操作方式和飞行技巧，提高无人机飞行操控能力。这有助于减少在实际飞行中出现的误操作或危险情况。

（2）经济性　使用模拟器训练的成本相对较低，通常只需要一台计算机和一些软件就可以进行。这大大降低了操作者进行飞行训练的成本，使得更多的人有机会接受飞行训练。

（3）高效性　用模拟器可以随时随地进行飞行训练，不受天气、场地等外部条件的影响。同时，模拟器可以提供即时反馈，帮助操作者迅速发现和纠正错误，从而提高训练效率。

（4）灵活性　有些高级的模拟器可以模拟各种不同的飞行环境和情况，包括大风、风切变等恶劣天气，以及电池掉电等紧急情况。这使得操作者可以在模拟器中体验各种实际情况，提高他们的应急处理能力。

使用模拟器进行航拍练习，安全、经济、高效且灵活。但模拟器再好，终究不能替代真实飞行。

真实飞行中，气流、风向、重力变化，拍摄对象不同以及无人机细微的变化，都会通过遥

第 4 章 航拍无人机的安全飞行

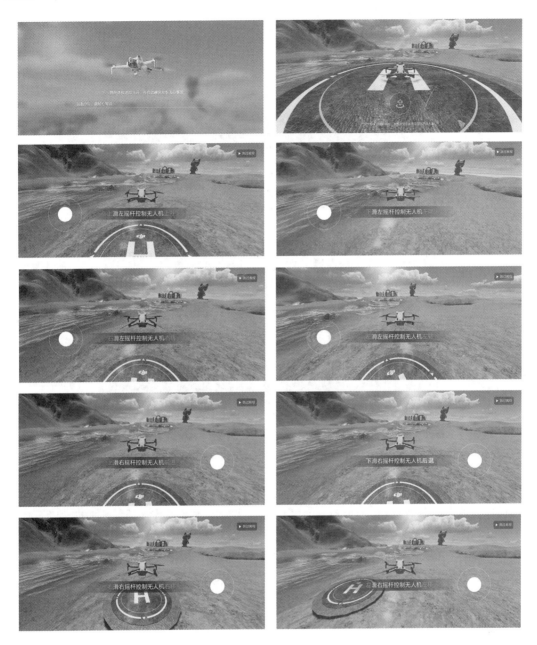

图 4.28 模拟器软件界面和操作图示

控器给航拍无人机操作者以真实的、及时的反馈。

模拟器设备因为性能局限,无法还原真实环境,不能保证拍摄的精准度和稳定性要求;拍摄中的高级技巧和特定航拍任务的拍摄技巧,只有在真实环境下才可练出来。

另外,真实航拍环境中,需要操作者应急反应的状况更多。例如,航拍无人机可能出现桨叶受损等紧急情况,拍摄现场、直播现场可能会出现导演、摄影指导临时改变拍摄要求的情况,这时飞手及云台手面对压力和紧张氛围,要迅速反应,作出正确决策。

所以,在模拟器上练习一段时间并积累了一定的飞行经验之后,就要及时进入下一阶段,即实际操练和实际拍摄的阶段。

图 4.29 VelociDrone FPV Racing Simulator 界面

图 4.30 模拟的城市环境赛道

2. 实际航拍技巧练习

选择一款合适的无人机,价位、功能、性能能满足最基础的操作要求,例如初学者可以选择大疆 Mini 系列。

(1) 基础训练。

选择足够开阔的场地,具有开阔视野且安全,障碍物少,人少,例如操场等。从简单的起飞和降落开始训练。

然后,在航拍无人机机尾对着操作者的情况下,练习悬停、左右旋转等飞行技巧;接着,在无人机机头对着操作者的情况下,练习无人机前后左右移动、悬停及左右旋转等飞行技巧。

在飞行过程中,需要控制好无人机的速度和高度,避免出现剧烈晃动或抖动,以确保拍摄画面的稳定性。

练习过程中,要带着三维空间思维,即无人机可以在上下、左右、前后三个维度上运动,对无人机的操控程度要做到"指哪飞哪",即心往哪里想,无人机就往哪里飞。

在熟练掌握飞行技巧的基础上,利用无人机的悬停、俯冲、爬升等动作,结合云台镜头,掌握拍摄的推、拉、摇、移等技巧。

(2) 进阶训练。

接下来,进行航拍无人机的飞行航线与镜头运动的配合训练。

① 直线飞行与镜头配合:直线飞行是最基本的飞行动作,可以沿着海岸线、河流、道路等进行。无人机可以一直前进,也可以一直后退。调整镜头的角度,下扣俯瞰,从高空俯瞰整个景色。运镜时,要平稳控制云台波轮,无人机飞行时速度保持不变,不要忽快忽慢,要呈现出风景的连续性和流动感。

② 上升与下降:利用无人机的上升和下降功能,可以从不同高度展示风景的全貌和细节。

例如,从低空上升,逐渐展示出广袤的森林或山脉;或者从高空下降,聚焦于一片湖泊或瀑布;也可以从一片前景风光(例如一棵树),随着无人机和镜头上升,展现出中后景的变化。此种航拍技巧,尤其适合长焦端,例如大疆御 3 Pro 的长焦端,其等效焦距为 166 mm,能拍摄出旱地拔葱、万丈高楼平地起的视觉效果。

③ 旋转飞行:控制无人机云台,使无人机完全垂直于地面(即成 90°)进行旋转飞行,可以拍摄出中心对称或环绕某个风景点的画面。

这种技巧常用于拍摄地标性建筑或具有中心焦点的风景,如广场、花坛等。

上升的速度和旋转的速度,需要相互配合,太快会有眩晕感,太慢则拍摄时间太长。拍摄时也可以采用匀速上升和旋转,后期进行加速或减速处理。

④ 俯冲与拉升:俯冲是从高空迅速向目标下降,而拉升则是从低空迅速上升。

这两种动作可以突出风景的立体感和层次感,特别是在拍摄山脉、峡谷或悬崖等险峻地形时效果尤为突出。

需要特别注意的是,俯冲时一定要预留 30 m 以上的缓冲距离,以免航拍无人机下降速度过快而直接坠毁。

向后拉升时,航拍无人机可能无法避开障碍物,操作者一定要留意。

⑤ 环绕飞行:将被摄主体作为中心,操控无人机保持一定的速度环绕中心飞行,完成被摄主体的环绕拍摄。环绕镜头多以拍摄静态孤立目标为主,通过无人机环绕被摄主体进行拍摄,可以呈现出被摄主体周围的全貌和环境,给观众一种全方位、立体的视觉体验。

同时,环绕镜头还可以营造出一种紧张、神秘的氛围,增强观众的观影体验。

在拍摄环绕镜头时,需要注意无人机的飞行速度和高度,以及镜头的焦距和拍摄角度等。合适的飞行速度和高度可以保证拍摄画面的稳定性和清晰度,而合适的焦距和拍摄角度则可以突出被摄主体的特点和细节,增强画面的表现力。

航拍无人机拍摄环绕镜头时,若没有单独操作的云台,则可能无法避开横飞航迹上的障碍物,故一定要提前观察。

⑥ 跟随飞行与侧飞:跟随飞行是指无人机跟随移动的目标飞行,保持相对稳定的距离和角度;侧飞则是从一侧飞向另一侧,展示风景的侧面或横向变化。

这些动作适用于拍摄风景中的动态元素,如河流、云彩、人群等。

侧飞对于大疆御系统无人机来说,需要镜头对着拍摄对象侧向飞行,那么航拍无人机飞行方向就垂直于拍摄方向,也就是说无人机看不到前方的障碍物,所以一定要预演、预判、预先飞行一遍,以免"炸机"。

⑦ 定点悬停:在某些特别的位置或角度,使用定点悬停可以让无人机悬停在空中,稳定拍摄某一画面。

这对于拍摄细致入微的景物、建筑物细节或特定角度下的光影效果非常有用。

无论选择哪种飞行动作,都需要注意飞行安全,避免碰撞和意外发生。同时,合理调整无人机的拍摄参数,如曝光、白平衡等,也是获得高质量航拍视频的关键。

在上述飞行训练中,要尽量保证航拍无人机飞行的平稳性,无论是直线飞行、上升与下降、旋转飞行,还是俯冲与拉升,速度要尽量保持一致,即匀速运动。

航拍无人机的起幅、落幅(启动、停止),都要尽量保证匀速变化,不要急速起、急速落,同时还要在录制开始阶段、结束阶段各留 3 s 的剪辑点,即提前 3 s 开机录制,航拍结束 3 s 后才停止录制。

所有练习过程中,要注意观察无人机的姿态和飞行状态,与周围障碍物(建筑物、人群)保持一定的安全距离,以确保安全和稳定。

3. 航拍技巧实例

《航拍中国》第一季于 2017 年制作完成并播放,它打破了传统纪录片的拍摄手法,通过使用航拍无人机这一先进的拍摄技术,从空中捕捉到了许多传统摄影手段难以企及的视角和画面。全新的视角,给观众带来全新的体验。

与此同时,从画面构图、色彩运用到音效配乐,《航拍中国》都体现出精湛的技艺和深厚的艺术底蕴。这部作品不仅展示了中国大好河山的壮丽美景,还通过精心策划和剪辑,将自然风光、人文历史、社会现实等元素巧妙地融合在一起,向观众呈现了一个立体、多元、真实的中国形象。同时,这部纪录片还通过深入人心的内容,引发了观众对环境保护、文化传承、社会发展等问题的思考,具有很强的社会影响力。

编者有幸参与《航拍中国》(第四季)·河南的拍摄,现选取其中的片段,讲解纪录片中的航拍技巧。

航拍无人机往前飞,云台镜头缓慢抬起,这是开篇的第一个镜头,交代大场景——黄河,其气势磅礴,太阳的光芒映在河面上,给人蓬勃上进的力量感,如图 4.31 所示。

图 4.31 《航拍中国》(第四季)·河南(镜头一)

航拍无人机后退,云台镜头微微下扣,固定位置,展现绿意无边的麦田,给人以生机盎然的感觉,如图4.32所示。

图4.32 《航拍中国》(第四季)·河南(镜头二)

航拍无人机徐徐推进前飞,云台镜头向左倾斜,交代了龙门石窟的大环境,同时抓住了河面上微波粼粼的反光感,二维的画面表现出三维立体的层次感,如图4.33所示。

图4.33 《航拍中国》(第四季)·河南(镜头三)

航拍无人机向上并向前飞,云台微微下扣,仿佛带着观众的眼睛,一起飞近维修中的大佛,并看到了脚手架上的维修工人,给人以身临其境的感觉,如图4.34所示。

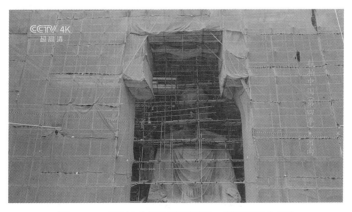

图4.34 《航拍中国》(第四季)·河南(镜头四)

航拍无人机往前飞,云台镜头上抬,古建筑应天门和焰火交相辉映,从古代到现代千百年的历史交汇在一起,让观众心旷神怡,如图 4.35 所示。

图 4.35 《航拍中国》(第四季)·河南(镜头五)

航拍无人机徐徐往上升,云台镜头完全正扣,交代城市里一幅《花开富贵牡丹图》与周围行人的关系,很有一种上帝视角的感觉,如图 4.36 所示。

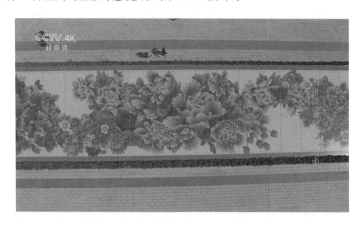

图 4.36 《航拍中国》(第四季)·河南(镜头六)

航拍无人机采用环绕镜头拍摄,对准了牡丹花开时拍照的路人,微微横移,仿佛置身其中,很有镜头的代入感,如图 4.37 所示。

图 4.37 《航拍中国》(第四季)·河南(镜头七)

雪中老君山,景色无比秀丽。航拍无人机由近及远,由一个山头的宫殿,慢慢后退拉开,从局部到整体,让观众更加感叹雪中老君山别样的美,如图4.38所示。

图4.38 《航拍中国》(第四季)·河南(镜头八)

雪中的精灵——猴子站在悬崖峭壁上观雪。航拍无人机向右横飞,云台镜头向左摇,由前景山至猴子再至后景雪和山,画面中运动元素逐渐丰富,令人叹为观止,如图4.39所示。

图4.39 《航拍中国》(第四季)·河南(镜头九)

拥抱蓝天白云,快哉乐哉。航拍无人机围绕着滑翔伞进行环绕飞行拍摄,由正面转向了侧面,由单一的滑翔伞元素,转到了滑翔伞畅游于天地之间,让观众看到了更多的元素,带给观众全方位、立体的视觉感受,如图4.40所示。

图4.40 《航拍中国》(第四季)·河南(镜头十)

航拍无人机缓缓下降,同时向前飞行,镜头透过泡桐树上繁盛的花朵,逐渐聚焦到焦裕禄的雕像上。这个过程中,云台微微下扣,使得镜头更加贴近花朵和雕像,让观众能够近距离地感受和敬仰焦裕禄的伟大形象,从而引发对英雄的崇敬和对生命的敬畏之情,如图4.41所示。

图 4.41 《航拍中国》(第四季)·河南(镜头十一)

采用标准的航拍无人机旋转镜头,从泡桐花顶端开始上升,带出整个绿色的大地,缓慢而稳定,配合音乐和解说词,让观众能够身临其境地体会泡桐花的美丽,如图4.42所示。

图 4.42 《航拍中国》(第四季)·河南(镜头十二)

看似很简单的横飞镜头,实际上是由黄河北岸向南岸移动时的长距离镜头,整个过程中,无人机飞过的距离很长,但速度一直很稳定,所以后期制作时,加速处理后画面也无抖动,如图4.43所示。

图 4.43 《航拍中国》(第四季)·河南(镜头十三)

航拍无人机前飞,镜头向右倾斜,带出开封清明上河园的整体大景。看似平平无奇的镜头,其实拍摄时抓住了当天最佳的拍摄时间——蓝调时刻,光线柔和,色彩饱和度高,可以有效避免强烈的阴影和反射,红色灯笼全亮起来,而建筑物没有失去细节,捕捉到温暖而富有层次的画面,如图4.44所示。

图4.44 《航拍中国》(第四季)·河南(镜头十四)

运用上升镜头,从南水北调穿黄隧洞的南边洞口局部开始,上升能远远看到黄河北岸,其实就是交代整个隧洞从地下穿过黄河,让观众惊叹、振奋,同时感受国家基建强大的力量,如图4.45所示。

图4.45 《航拍中国》(第四季)·河南(镜头十五)

如图4.46所示,看似不起眼的穿云镜头,其实我们在南湾湖等了很久,才等到有云层比较低的天气,同时还使用了偏振滤镜,有效消除水面上的反光,增强色彩饱和度。拍摄自然风光,一定要有足够的耐心,方可遇到心仪的天气,拍出理想的画面。

河南在大家印象中属于北方,旱田居多,但在河南最南边的信阳也有水田。如图4.47所示,这个镜头就是靠摄影师对美的追寻而获得:看到好看的夕阳,在日落前的黄金时刻,忍不住飞起无人机,找好了镜头角度,快速拍摄下来。好风光,往往就在一瞬间。

再平凡不过的小山村,也有它的传奇故事。再普通的农村房子,配上不一样的角度,也会显得格外不一样。所以在拍摄过程中,哪怕是看似不起眼的景,调整无人机的角度和位置,也能拍出最美的一面。如图4.48所示,小王庄恰恰在这个角度最好看,有山有水,画面的层次也更为丰富，作为此段故事的开场画面，再恰当不过。

图4.46 《航拍中国》(第四季)·河南(镜头十六)

图4.47 《航拍中国》(第四季)·河南(镜头十七)

图4.48 《航拍中国》(第四季)·河南(镜头十八)

如图4.49所示，这是《航拍中国》(第四季)·河南第九集的最后一个镜头，前面的情绪已累积到了一定程度，需要配合解说词做收尾，将观众情绪带到最高点，所以镜头快速下降、前冲，给人以有力的冲击感。

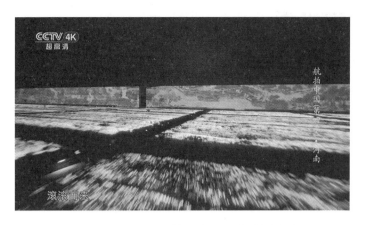

图 4.49 《航拍中国》(第四季)·河南(镜头十九)

4.5 航拍无人机在不同场景下的安全要领

对航拍无人机依法进行实名登记是安全飞行的关键。

4.5.1 航拍无人机在娱乐飞行中的安全要领

安全是第一位的。没有飞行安全,航拍也就无从谈起。因此,每次起飞航拍前都要检查一下无人机和周围环境,以保证安全飞行。

航拍无人机在娱乐飞行中要切记以下安全要领。

(1) 不要进入禁飞区。机场、军事禁区、政府公安等场所和临时划定的禁飞区域不要进入。

(2) 不要进入人群聚集区和高速运动物体的上空。重大活动需要航拍时,尽量避开人群。运行中的高铁、地铁等上空不要飞行,可在侧面拍摄。

(3) 不要进入强磁场等干扰区。要避开电信电力塔、无线干扰等强磁场区,不要在全钢架结构的建筑物上和桥面起飞。这些地方会干扰无人机遥控器的图传信号,造成无人机失控。

(4) 不要飞离视线区。大疆精灵系列无人机最高可飞 500 m,最远理论值可飞 2000 m,但航拍时尽量控制无人机在自己的视线范围内,千万不要飞到建筑物的背后,这样会使无人机在无信号自动返回时直接撞墙。不要在空中有风筝线和电线的区域飞行,因为在镜头画面中很难看到风筝线和电线,飞行中无人机很容易被挂住。

(5) 不要违反操控程序。严格遵守无人机操控规定,如电池应充满电;飞行不能满格加速抬升;手不要离开遥控器;不要超时飞行,要留有返回时间;不要"醉驾",要头脑清醒地操控无人机。

(6) 不要轻易穿越云层,云中可能有山体等障碍物,同时云中可能有雨甚至冻雨,会导致无人机机翼结冰,失去升力,导致"炸机"。

（7）非必要不在夜间飞行。虽然大疆新款的无人机拥有越来越优秀的避障能力，但在夜间，避障系统因光线不足将不能发挥作用。

（8）避开动物。起飞和降落阶段，小心周围的宠物狗对无人机发起攻击。在飞行中，山区的猎鹰、隼等大型鸟类可能认为无人机闯入其领空，会对无人机发起攻击、抓捕，城市里的鸽群亦是如此。另外，无人机在候鸟栖息地飞行时，会干扰鸟类的正常活动，对鸟类繁殖等带来干扰，故不推荐在该类区域飞行。

（9）不要太贴近墙面，否则会受气流影响而被"吸入"撞墙。

（10）不要太贴近水面飞行，水的波浪时高时低，可能吞没无人机，同时无人机向前加速飞行时，机身姿态会更加倾斜，高度可能瞬间下降，就会落入水中。

（11）下雨天不要进行飞行。航拍无人机属于电子产品，无论是机体本身还是遥控器，进水后电子设备将不能正常工作。

（12）不要完全依赖避障系统。除穿越机航拍需求之外，水面、树枝、逆光、电线（电线杆）、夜晚光线不足、透明物体和纯色场景，都会对大疆无人机产品的避障功能产生影响。在检查航线是否存在障碍物之前，不得横飞、倒飞，将无人机前进方向始终保持为机身（镜头）方向，保证尽可能识别出障碍物。

（13）高温、极寒等极限天气下，不猛打杆（即将遥控器上的操作杆打到极限位置），保证电池能平稳输出电流。

（14）保证遥控器和无人机之间没有遮挡物。无人机如果飞到身后了，操作者需要及时转身，以保证遥控器的天线和无人机的天线之间的信号连接。

（15）飞行时不要靠近建筑物、山体、树林和桥洞，否则航拍无人机可能发生漂移、碰撞。

（16）4G模块可以让航拍无人机飞得更远，但存在时延和信号不间断丢失情况，需要更早观察拍摄的周围环境，电量不足时及时返航。

（17）一键成片等大疆无人机内置"傻瓜式"自动航拍操作，一定要在足够空旷的地方使用，否则无人机很容易挂树上或坠毁。

（18）在铁路沿线500 m之内，以及高铁站附近严禁无人机航拍。铁路上方电气化接触网通常使用27.5 kV高压电，无人机、风筝、气球等低空飞行物，一旦掉落到铁路接触网上，将造成线路短路，严重时会影响火车行车安全，甚至威胁群众生命安全。

（19）在明令禁止航拍的景区，切勿进行航拍，以免对历史文物产生不可挽回的损失，或因"炸机"对游客造成伤害。

（20）重大活动期间，当地公安部门已提前公布禁飞令时，切勿航拍。

（21）在海外旅游时，一定要先了解当地的政策，以免擅自航拍而被罚款，甚至带来牢狱之灾。

4.5.2 航拍无人机在商业飞行中的安全要领

1. 购买保险

国务院、中央军委公布的《无人驾驶航空器飞行管理暂行条例》（以下简称《条例》）自

2024年1月1日起施行。从事小型、中型、大型无人机飞行活动和利用微型、轻型无人机从事商业活动的单位或个人,应当强制投保责任险,其他情况下则不强制投保责任险。无人机购买的保险主要包括以下三种。

① 机身险:主要针对无人机机器本身,承保无人机在运行及地面停放时,无论任何原因(不包括除外责任)造成机身本体及其附件的意外损坏,同时也包括无人机的失踪风险。

② 操作人员的意外伤害保险:若操作者在操控无人机时遭受意外伤害事故导致伤残或者身亡,则保险公司按照合同约定负责赔偿。

③ 第三者责任险:第三者责任险分为"跟机"和"跟人"两种方式,"跟机"方式是以单架无人机作为保险标的,承保不同人员操作保险标的无人机时发生对第三者人员及财物造成的伤害或损失;"跟人"方式是以某一特定操作者作为保险标的,承保其本人操作无人机时产生的对第三者的风险。

2. 无人机保险购买途径(以大疆无人机为例)

《条例》中的无人机第三者责任险,大疆无人机激活5年内,可在大疆官方渠道直接购买众安保险的针对性产品。

对于机身险,大疆无人机官网对应的保险产品为"DJI CARE",以大疆御3 Pro无人机为例,一年版的保险费包含了置换服务和飞丢保障服务。

如果无人机在飞行过程中撞击跌落或意外进水"炸机",那么可依据相关政策享受置换服务,置换产品为全新产品或与全新产品具有相同性能和可靠性的产品。

如果无人机飞丢了,则依据相关政策,办理后可获得置换产品。

关于无人机第三者责任险,包括帆陌飞保、航拍宝等产品。

3. 合法合规

首先,参与航拍无人机运营的必须是公司,个体户、工作室不可以,而承接商业航拍的公司,必须取得运营合格证。具体规定请参看《条例》第十一条。

参与航拍的无人机已经实名认证和依法投保责任险。

4. 影视剧组的安全飞行

此处的影视剧组,是与娱乐飞行的个人区分的,包括但不限于电影、电视剧、纪录片、广告片、真人秀、新闻专题片、宣传片、直播等剧组。

参与影视剧组的航拍团队,一般至少三个人,即飞手、云台手和设备管理员。

(1)做好开拍之前的准备工作。

了解所拍项目的要求,例如工作场景海拔、温度范围、传感器尺寸、画面分辨率、录制规格等,再根据预算准备好对应的航拍无人机及多张储存卡、充电器、擦镜头纸、气吹等附件器材,出发之前一一做好检查、测试。

了解所拍项目导演对航拍画面的要求,例如纪录片《航拍中国》的执行导演要求所拍摄画面每一帧都如壁纸一样,具有最好的光线效果、视觉效果,要求画面特别通透、干净,画面重元素但不求多,要求做减法。

如果拍摄遇到有禁飞区,一定提前准备好相关文件,进行解禁申请。在拿到政府相关部门批文后,可在大疆官网上进行解禁申请。

如果携带无人机搭乘飞机,还需要提前了解航空公司的电池携带细则。航空公司普遍性的要求是携带电池,能量必须小于 100 W·h,故需要提前查询相应航空公司的规定,例如中国国际航空公司规定,手提行李限制每个人携带两块电池,且不准托运。

(2) 了解所拍摄的场景和对象,有针对性地拍摄。

进入剧组后,在开拍之前,在读剧本阶段若发现有需要航拍的段落,要做好标记,可以借鉴、参考以前影视作品的拍摄手法,对应当下的剧本,提前设计航拍路线和航拍角度,提交想法并与摄影指导、导演及时沟通。

在堪景、复景和拍测试片等环节,对于特殊场景,一定要提前演练,否则容易出现拍摄事故。例如,冯小刚导演拍摄电影《1942》时,烟火师已埋好了炸点,几百名群众演员都已经开始表演,但航拍无人机却被炸点抛起来的泥土影响而"炸机"。

每一天在开拍之前,航拍团队会收到剧组统筹发来的通告单,告知需要航拍的剧情及要求。

电影、电视剧中的航拍戏份,在不同类型片中,所占比例也不一样。一定要先了解剧本剧情、导演所需要的影片风格,才知道自己拍出的画面是否符合要求。例如,拍动作戏时,导演可能需要表现惊险、刺激氛围,那么镜头中的人物一定不能占画面比例太小。

拍摄转场镜头时,镜头表现的情绪,要符合剧本前后的情节。例如,航拍拍摄对象移动速度很快,表现了冲突激烈的情节;移动速度很慢,则反映出舒缓情绪;等等。

如果拍摄项目要使用穿越机,因为容易"炸机"等,航拍团队一定要携带多架穿越机和对应的配件及维修工具。

使用穿越机拍摄时,一定要提前演练,提前做好飞行航迹和镜头角度规划,同时保证所拍摄对象和自身的安全。

拍摄自然环境时,可使用 Planit 巧摄、莉景天气等 APP 来帮助判断日出日落时间、光线角度,飞行需要的高度,镜头所需要的光圈、焦段。

(3) 直播要求高,应保证画面稳定且不能断。

电视直播中已经出现越来越多的航拍无人机镜头,无论是体育赛事还是各种仪式活动,甚至抖音等流媒体平台上,都出现了航拍无人机直播镜头。

传统电视直播,是电视台地面多个摄像机位和无人机一起使用,航拍无人机甚至有多台。航拍团队一般会携带具有 HDMI 输出功能的遥控器和将 HDMI 转为 SDI 的转换设备,以及相关的 HDMI 和 SDI 连接线。

直播堪景时,需要留意航拍环境,以及可能遇到的障碍物,包括但不限于电线、周围建筑物、空中的直升机、飞起的气球等。

直播彩排时,飞手头戴对讲机,导播会通过对讲机对航拍提出航线、镜头的要求,飞手不需要回话,只需按导播口令操作航拍无人机即可。

正式直播时,按彩排流程及导播口令执行即可,导播喊停之前,一定要保持航拍无人机的镜头画面稳定。一方面,要一直保证无人机和遥控器之间信号的稳定连接;另一方面,要保证无人机飞行航迹上没有障碍物。多架无人机参与直播时,一定要提前划分区域,在高度层上错开,以保证安全。

(4) 尽量不要飞到人群聚集的上空,以免发生不必要的危险。

(5) 航拍无人机不要飞到转播信号车天线的附近,以免受到信号干扰而失控。

(6) 在拍摄音乐节等活动时,要远离大功率喇叭,以免受到信号干扰而失控。

(7) 拍摄现场如果有激光灯,航拍无人机的镜头方向一定要远离激光灯,激光灯被摄入镜头后,感光元件CMOS将会产生不可修复的坏点。

(8) 不断总结航拍经验。

在外拍摄时,所有的器材不要离开视线,时刻保护好、保管好器材。

在境外拍摄时,一定要提前申请飞行许可和购买保险,一定要提前安排好器材的运输。

在沙漠多风沙情况下,如内蒙古沙漠地区,每一次飞行结束后,都要清理航拍无人机上的细沙,尤其是电机部分,防止电机轴承过度磨损。

在高海拔情况下,如西藏高原地区,优先保证人员能适应,同时使用高原专用螺旋桨。

在低温环境下,如东北冬季,人员保暖保温的同时,要提前预热电池,无人机飞行续航时间会缩短,需要提前留意电池电量。

在低温和水汽特别充足的情况下,例如雨后的高山地区,航拍无人机的螺旋桨可能会遇到过冷的水汽而结冰,造成翼面失效而失去升力,最终"炸机"。

航拍时需要沉着、冷静、谨慎、胆大和心细。"炸机"失误能带来经验,经验也能避免类似情况下的"炸机"。无人机航拍需要不断累积实际操作经验,所以在每次开拍之前,优秀的航拍团队会按整理好的检查单执行检查,拍摄结束之后会进行经验总结。

课 后 练 习

一、选择题

1. 如何确保无人机飞行场地安全?(　　)

A. 选择空旷无人的场地

B. 在人员稠密区域飞行

C. 使用无人机高度限制功能

D. 以上都是

2. 在无人机飞行过程中,以下哪些行为是安全的?(　　)

A. 远离高楼大厦和树木等障碍物

B. 在GPS信号弱的环境下飞行

C. 时刻注意无人机的电池电量和遥控器电池电量

D. 在视线范围外进行超视距飞行

3. 在无人机的飞行过程中,以下哪些因素可能会影响无人机的稳定性?(　　)

A. 风力和风向的变化

B. 无人机的负载过大

C. 无人机的电池电量过低

D. 遥控器信号中断或干扰

4. 无人机飞行后,以下哪些维护工作是推荐的?(   )

A. 定期检查无人机的电池电量和遥控器电池电量

B. 将无人机存放在干燥通风的地方

C. 避免将无人机暴露在高温环境中

D. 以上都是

5. 无人机飞行后,以下哪些存放方式是推荐的?(   )

A. 将无人机存放在封闭的盒子里

B. 将无人机放在通风的地方以保持干燥

C. 将无人机存放在高温环境中以加速电池充电

D. 以上都不是

二、问答题

1. 无人机飞行前针对无人机设备安全的内容有哪些?

2. 观察员在无人机飞行中起什么作用?

3. 在无人机飞行中针对设备安全操纵的关键步骤有哪些?

4. 飞行后操控人员应该考虑的安全措施有哪些?

第 5 章

植保无人机的安全飞行

ZHIBAO WURENJI DE ANQUAN FEIXING

植保无人机是用于农林植物保护作业的无人驾驶航空器,该型无人机由飞行平台(固定翼、直升机、多轴飞行器)、导航飞控、喷洒机构三部分组成,通过地面遥控或导航飞控来实现喷洒作业。植保无人机具有作业高度低、飘移少、可空中悬停、不需要专用起降机场、旋翼产生的向下气流有助于增加雾流对作物的穿透性、防治效果高、可远距离遥控操作、避免作业人员接触农药、喷洒作业安全性高等诸多优点。另外,电动无人直升机喷洒技术采用喷雾喷洒方式,至少可以节约50%的农药使用量和90%的用水量。相比于传统的农业机械,植保无人机具有更高的效率和精度,可以大大提高农业的生产效率。

植保无人机主要应用于以下几个方面。

(1) 农作物喷洒:植保无人机可实现农药自动定量、精准控制、低量喷洒作业,作业效率是高架喷雾器的8倍。

(2) 播种:植保无人机可以实现精准播种,提高种子发芽率和成活率。

(3) 施肥:植保无人机可以实现精准施肥,减少化肥使用量和环境污染。

5.1 机型的选择

植保无人机要求搭载的设备种类丰富,飞行时间长,仅使用锂电池已无法满足各种应用环境的需求,现阶段国内销售的植保无人机分为两类:油动植保无人机和电动植保无人机。

5.1.1 油动植保无人机

油动植保无人机是一种由燃油发动机驱动的农业植保无人机,主要组成部分包括飞行器、燃油发动机、控制系统和喷洒系统。燃油发动机为无人机提供动力,使其能够在空中飞行。油动植保无人机具备载重能力高、续航能力强的优点,同时其单旋翼形成单一风场,可以有效地解决喷洒药剂的漂移问题,还能吹动叶面,形成很好的药剂穿透力,使用范围广;但是其结构复杂,维护保养难度大,对飞手的操作要求高,购买价格较高,发动机振动大,寿命不长,也可能会发生燃油泄漏造成污染。

5.1.2 电动植保无人机

随着农业现代化的推进和科技的不断进步,电动植保无人机作为一种新型的农业机械设备,正逐渐受到人们的关注和重视。电动植保无人机是指由电动动力系统驱动的无人机,通过搭载植保设备,实现农田作物的精准喷洒和植保操作。相比于传统的人工植保方式,电动植保无人机能够实现自动化、智能化的作业,大大提高了植保作业的效率。相较于油动植保无人机,电动植保无人机采用电池供电,不产生尾气和噪声污染,对环境友好;操作成本相对较低;电动植保无人机质量较轻,飞行时更加稳定,能够更好地适应复杂的环境和风速变化。但是电动植保无人机的续航能力相对较弱,一般飞行30~60 min后就需要进行电池更换或充电。

电动植保无人机相较于油动植保无人机在环保节能、操作成本和飞行稳定性等方面具有一定的优势。随着电池技术的不断发展和进步,电动植保无人机在农业植保领域的应用前景将更加广阔。

不同类型的植保无人机优缺点各不相同,在选择植保无人机时,需要根据具体需求和使用场景进行综合考虑。油动植保无人机和电动植保无人机的主要优缺点对比如表5.1所示。

表 5.1 油动植保无人机和电动植保无人机的优缺点对比

优缺点	油动植保无人机	电动植保无人机
优点	1.续航时间长:可以满足更大面积的植保作业需求; 2.载荷能力强:可以搭载更多的农药或肥料,提高作业效率; 3.适用范围广:可以在更恶劣的环境下作业,例如高温、高海拔等; 4.动力强劲:可以提供更快的飞行速度和更高的飞行高度	1.环保:使用电力作为动力源,不会产生污染,对环境友好; 2.操作简单:与普通无人机操作类似; 3.效率高:在短时间内完成大面积的植保作业,工作效率高; 4.成本低:成本相对较低,维护费用也较低
缺点	1.噪声和排放:内燃机产生的噪声和排放的尾气,对环境和健康可能造成影响; 2.维护成本高:内燃机的维护成本相对较高,需要定期进行保养和配件更换; 3.安全性要求高:涉及燃油储存和使用,如防止燃油泄漏和火灾发生等; 4.操作复杂:动力系统和控制系统相对复杂,对操作人员的技术要求较高	1.续航时间短:续航时间相对较短,需要频繁充电或更换电池; 2.载荷能力较小:载荷能力相对较小,不能携带太重的物品; 3.易受天气影响:受天气影响较大,在恶劣的天气条件下无法进行作业

5.2 植保无人机的结构

5.2.1 系统结构

植保无人机系统如图5.1所示。

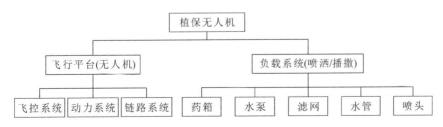

图 5.1 植保无人机系统

5.2.2 植保无人机机体结构

如图 5.2 所示,大疆 T10 植保无人机主要由螺旋桨、电机、指示灯、雷达、传感器、摄像头、作业箱、喷头及喷嘴等组成。

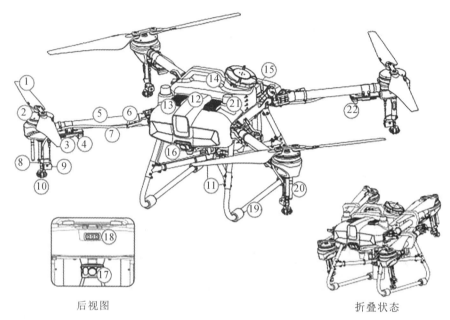

图 5.2 大疆 T10 植保无人机

①—螺旋桨;②—电机;③—电子调速器;④—机头指示灯(位于前方两个机臂上);⑤—机臂;⑥—折叠检测传感器(内置);⑦—软管;⑧—喷头;⑨—电磁排气阀;⑩—喷嘴;⑪—全向避障雷达;⑫—上视雷达(内置);⑬—散热片;⑭—作业箱;⑮—电池仓;⑯—前视 FPV 摄像头;⑰—后视 FPV 摄像头;⑱—飞行器状态指示灯;⑲—起落架;⑳—OcuSync 天线;㉑—机载 D-RTK 天线;㉒—机尾指示灯(位于后方两个机臂上)

5.2.3 植保无人机遥控器

植保无人机的遥控器(见图 5.3)不仅能控制无人机飞行,还能遥控无人机进行植保作业。遥控器按键包括电源开关键、返航按键、自定义按键等,其中自定义按键可根据自身操作习惯设置快捷开关。

图 5.3 植保无人机遥控器

遥控器的构成如图 5.4 所示。

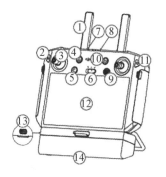
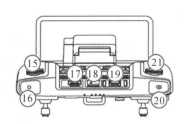
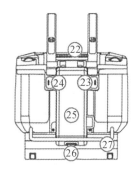

图 5.4 遥控器构成

①—天线；②—退回按键/系统功能按键；③—摇杆；④—智能返航按键；⑤—C3 按键（可自定义）；⑥—飞行模式切换开关；⑦—状态指示灯；⑧—电量指示灯；⑨—五维按键；⑩—电源按键；⑪—确认按键；⑫—触摸显示屏；⑬—USB-C 充电接口；⑭—无线网卡仓盖；⑮—流量调节拨轮；⑯—喷洒按键；⑰—HDMI 接口；⑱—micro SD 卡槽；⑲—USB-A 接口；⑳—FPV/地图切换按键；㉑—多机控制切换拨轮；㉒—出风口；㉓—C1 按键；㉔—C2 按键（可定义）；㉕—电池仓盖；㉖—电池仓盖打开按钮；㉗—提手

5.2.4 飞行控制系统

如图 5.5 所示，飞行控制系统主要由主控、IMU（惯性测量单元）、GNSS（全球导航卫星系统）、磁罗盘等模块组成。

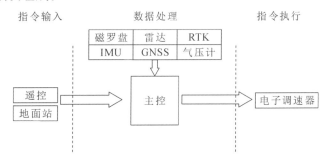

图 5.5 飞行控制系统框图

大疆 T20 植保无人机航电板如图 5.6 所示。大疆 T 系列植保无人机将主控、GNSS、IMU、气压计全部集成在航电板当中，而磁罗盘则集成在喷洒板当中。航电板是植保无人机的核心，若损坏则无人机无法正常飞行。

图 5.6 大疆 T20 植保无人机航电板

如图 5.7、图 5.8 所示,雷达通过不断发射雷达波从而能够发现对应方向上的障碍物,同时还能够实现定高。

图 5.7　上视雷达(内置)　　　　　　　图 5.8　全向避障雷达

气压计在无人机飞行当中时刻探测实际气压,通过气压差确定相对飞行高度。

雷达定高比气压计定高更准确,且能够随着地形的变化而改变飞行器高度,是优先采取的定高方式。

5.2.5　动力系统

多旋翼植保无人机的动力系统由电池、电子调速器、无刷电机、螺旋桨等共同组成,如图 5.9 所示。

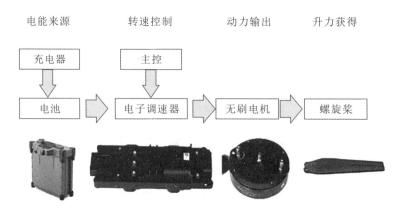

图 5.9　动力系统组成

(1)螺旋桨:由无刷电机驱动,通过旋转获得升力使无人机飞行。

(2)无刷电机:将电能转换为机械能并最终获得升力,必须在无刷电子调速器(控制器)的控制下工作。

(3)电子调速器:由电池供电,将直流电转换为无刷电机需要的三相交流电,并对电机进行调速控制。

(4)电池:负责为整个系统供电。

(5)充电器:负责为电池供电。

5.3 植保无人机的作业规范

为了保障人员和环境的安全,促进植保无人机行业的健康发展,植保无人机有一套作业规范,以提高作业效果和效率,确保植保无人机的安全、有效运行。因此,了解并遵守植保无人机的操作规范,对于保障作业安全、提高作业效果以及保护环境具有重要意义。

5.3.1 作业基本要求

1. 天气要求

(1) 气温在 5~35 ℃;
(2) 3 级以内风速。

2. 操作人员要求

(1) 植保无人机操作者应穿戴遮阳帽、口罩、眼镜、防护服;
(2) 地勤人员还应穿戴丁腈橡胶手套;
(3) 禁止穿短裤及拖鞋;
(4) 南方水田作业还应穿雨鞋;
(5) 不得在酒后操作植保无人机;
(6) 哺乳期妇女、孕妇、手部皮肤损伤者禁止操作植保无人机;
(7) 患有影响安全操作无人机疾病的人员或者身体残疾者禁止操作植保无人机。

5.3.2 植保无人机操作规范

1. 环境观察

(1) 检查四周是否有树木、电线杆、高压线、斜拉索等障碍物,并进行相应的处理,如图 5.10 所示;
(2) 注意观察四周特别是下风向是否存在对当前所使用药剂敏感的作物、养殖物,避免药剂飘移产生药害或者毒害;
(3) 注意观察四周特别是下风向是否存在水源地、鱼塘、水库等,避免污染水源。

2. 植保无人机检查

(1) 无人机长期闲置或转移地点较远时应进行磁罗盘校准;
(2) 起飞前应确认摇杆模式;
(3) 起飞前应确认电池电量充足;
(4) 起飞前确认机臂与螺旋桨都已展开;
(5) 无人机起飞前应确认套筒拧紧,如图 5.11 所示。

图 5.10 检察四周是否有障碍物

图 5.11 起飞前确认套筒拧紧

3. 作业过程规范

(1) 禁止人员处于植保无人机下方;

(2) 禁止对头起飞,应对尾起飞,确保植保无人机状态灯为绿色方可起飞,如图 5.12 所示;

(3) 人员与作业中的植保无人机时刻保持 6 m 以上安全距离,如图 5.13 所示;

图 5.12 对尾起飞

图 5.13 安全距离应大于 6 m

（4）植保无人机降落至地面停稳，且桨叶彻底停转后，人员方可靠近；

（5）注意观察周边的电线杆、斜拉索、高压线，避免撞击；

（6）起降点应选择空旷、少人区域，禁止在公路、广场等人员众多区域起降，否则植保无人机与人员、车辆可能发生碰撞；

（7）在作业前应对作业区域进行勘察以确保安全，如发现有围观群众或农户，应疏散人员，不可在田间有人的情况下作业，如图5.14所示；

图5.14　不可在田间有人的情况下作业

（8）禁止将可能存在人员的机耕道、菜地规划入作业区域，以免产生撞击的可能；

（9）飞防作业可能会有人员围观，一定要让围观人员处于安全区域，不可在围观人员附近进行无人机起降，如图5.15所示。

图5.15　要使围观人员处于安全区域

4. 作业时间安排

关于作业时间，应注意以下事项：

（1）避免在高温天气的中午连续作业，不仅药效不佳，而且人员易发生中暑；

（2）避免长时间连续甚至通宵作业，如确需通宵作业应不开车，避免发生车祸。

5. 存放

（1）植保无人机存放之前应清洗药箱，降低农药残留量；

（2）注意通风，避免农药气体集聚；

(3) 植保无人机应单独存放，禁止存放在卧室，避免人机共处一室；

(4) 将植保无人机放置在干燥、通风、避光、远离酸碱的室内，如图 5.16 所示。

图 5.16　植保无人机存放在干燥室内

6. 应急事件处理

(1) 当植保无人机已经提示遥控信号偏弱时，应合理调整天线朝向，无人机正确的天线朝向如图 5.17 所示；

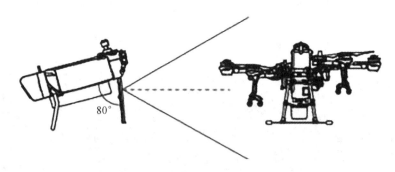

图 5.17　无人机正确的天线朝向

(2) 当植保无人机失控时，应重启遥控器；

(3) 禁止在失控状态下接近植保无人机；

(4) 当植保无人机发出明显异响时，应尽快就近降落；

(5) 禁止在动力异常的情况下继续飞行无人机；

(6) 当植保无人机发生撞击时，可采取内外八字打杆的操作使高速旋转的电机快速停转，减少撞击所造成的损失；

(7) 当植保无人机与高压线撞击并悬挂在上面时，绝不可自行处理，应迅速联系当地供电公司专业人员进行处理，如图 5.18 所示。

7. 高温的影响

(1) 高温对人体的影响。

高温天气能使人感到不适，使工作效率降低，同时易发生中暑、肠道疾病、泌尿系统疾

图 5.18 植保无人机悬挂在高压线上的处理

病。另外,还要注意湿度造成的影响,温度越高,湿度越大,越容易造成人体排汗困难,从而造成中暑。

(2) 高温对作业效果的影响。

温度越高,雾滴蒸发的速度就越快,从而造成作业效果下降。同时,高温时段药液浓度高且药剂活性强,更容易产生药害。所以从作业效果来看,也应避免在高温时段作业。

(3) 高温对设备安全的负面影响。

植保无人机属于超大功率的飞行器,高温天气无疑会恶化动力系统的工作环境,部件温度过高可能会发生故障。

(4) 作业时间段的选择。

表 5.2 列出部分地区高温时段无人机适宜作业时间段,以供参考。

表 5.2 高温时段无人机适宜作业时间段

地区	日出时间	天亮时间	日落时间	天黑时间	适宜作业时间段(早/晚)	
黑龙江省佳木斯市	4:00	3:25	18:49	19:24	4时至9时	16时至21时
山东省德州市	5:20	4:53	19:20	19:49	5时至9时	16时至21时
湖南省邵阳市	5:59	5:34	19:21	19:46	6时至9时	16时至21时
广东省江门市	5:59	5:35	19:08	19:31	6时至9时	16时至21时
重庆市	6:15	5:49	19:45	20:10	6时至9时	16时至21时
甘肃省兰州市	6:13	5:44	20:08	20:36	6时至9时	17时至22时
新疆维吾尔自治区石河子市	6:59	6:27	21:31	22:04	7时至11时	19时至24时
新疆维吾尔自治区阿拉尔市	7:36	7:06	21:53	22:23	7时至11时	19时至24时

注:以 8 月 3 日的日出时间为准。

5.4 植保无人机的药液喷洒

5.4.1 农药配制

1. 剂型

飞防药剂剂型选用原则:因飞防植保喷雾粒径较小,所以不能选用粉剂类剂型,应选用水基化剂型。

飞防药剂常用剂型有水乳剂、微乳剂、乳油剂、悬浮剂、水剂。

2. 毒性

飞防药剂毒性选用原则:飞防药剂因为稀释比例低,所以不能使用剧毒及高毒农药,否则有可能导致人员中毒。

禁用药剂有甲拌磷、对硫磷、久效磷、杀虫脒、克百威、甲胺磷、灭多威。

3. 药剂配制要求

药剂配制要求:穿戴防护用品(防护服、口罩、丁腈橡胶手套、护目镜等);在开阔的空间进行;严格按照二次稀释法进行操作;禁止在密闭空间、下风向等情况下配药。

脱叶剂二次稀释法配制如图5.19所示。

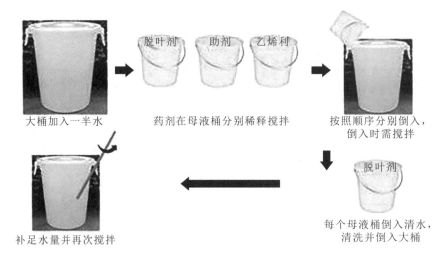

图5.19 脱叶剂二次稀释法配制
药剂倒入顺序:脱叶剂—助剂—乙烯利

5.4.2 飞行前准备

1. 无人机展开与准备

展开无人机机臂,旋紧机臂套筒,卡紧卡扣,并仔细检查,如图5.20所示。

套筒旋紧　　　　　套筒未旋紧　　　　　卡扣卡紧　　　　　卡扣未卡紧

图 5.20　旋紧机臂套筒和卡紧卡扣

2. 电池及定位信号

安装电池,确保插进锁住,电池卡扣卡紧(见图 5.21),这样无人机才能上电。检查卫星信号以及 RTK 信号,确保定位信号状态栏为绿色。

图 5.21　电池卡扣

3. 分电板及电池插口检查

检查电池电量、电池插口以及分电板,确保电量充足,插口均无腐蚀情况,如图 5.22 所示。

电池电量充足,快充　　电池插口无腐蚀,　　分电板正常,　　　分电板不正常
完成时,电量为95%~98%,　状态良好　　　　　无锈蚀、无严重氧化
可直接作业

图 5.22　电池电量、电池插口及分电板检查

4. 遥控器检查

遥控器检查包括遥控器电量检查、遥控器天线检查(见图 5.23)、遥杆操作模式检查。

遥控器天线顶部和底部信号最差,避免遥控器天线指向飞行器

图 5.23　遥控器天线检查

5. 执行界面检查

(1) 通电完成后,执行界面应显示搜索卫星 8 颗以上,手动作业背景由红色转变为绿色。

(2) 如已开启 RTK,应呈现为手动作业(RTK)。

(3) 长按喷洒键 2 s,排出空气。

5.4.3　作业参数设置

(1) 喷洒亩用量,即每亩地喷洒药液量,作物浓密,应增加;作物较高,应增加;病虫害严重,应增加。

(2) 速度,即无人机飞行速度,作物浓密,应降低;作物较高,应降低;病虫害严重,应降低。

(3) 行距,即无人机换行距离,行距应尽量与无人机实际喷幅相等,避免重喷与漏喷。

(4) 高度,即作物到无人机的距离,大疆 MG 系列无人机为 1.8～2.5 m,T 系列无人机为 2～3 m。

(5) 喷嘴,决定了药液流量和粒径,喷嘴越大,流量越大,而粒径越粗,杀虫、杀菌应尽量选择小喷嘴。

喷嘴数量的选择如下。

① 大疆 T16 与 T20 植保无人机:标配 8 个喷嘴,在流量较小时进入 4 喷嘴模式。

② 大疆 T10 与 MG-1P 植保无人机:标配 4 个喷嘴,在流量较小时进入 2 喷嘴模式。

③ 大疆 T30 植保无人机:标配 16 个喷嘴,自动作业时标配 12 个喷嘴,在流量较小时进入 6 喷嘴模式。

5.5 植保无人机的种肥播撒

5.5.1 播撒系统安装

1. 播撒系统物料清单

如图 5.24 所示,在安装前将播撒系统所需物料准备好,包括播撒箱挡板(2块)、挡板螺钉(2个)、胶塞(1个)、内六角扳手(1套)、17号呆扳手(1个)。

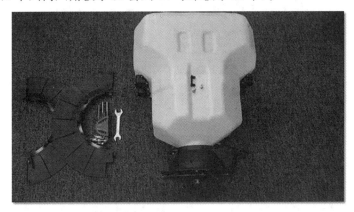

图 5.24 播撒系统安装所需物料

2. 上、下盖拆卸

如图 5.25 所示,使用飞行器(即无人机机体)出厂附带的内六角扳手(2.5型号),分别将上壳 4 个 M3 螺钉取下并收纳好,拆卸上盖。然后拆卸下盖,用手轻压飞行器机头前部下盖,即可将下盖与卡扣分离。

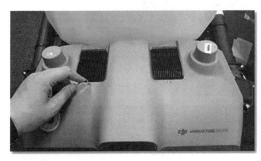 

图 5.25 上、下盖拆卸

3. 喷洒系统拆卸

使用飞行器附带的双头螺母紧固扳手拧下连接药箱的三通与飞行器的两个螺母,分离三通,然后在飞行器的软管处盖上胶塞,将药箱拔出,避免与地面或其他物体碰撞,随即拆掉液位计线材,注意避免拉扯线材,如图 5.26 所示。

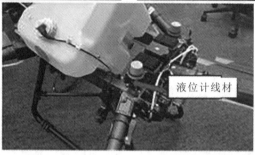

图 5.26 喷洒系统拆卸

4. 播撒系统安装

将播撒系统线材从飞行器上软管预留空间穿过,取下 12 针接口处胶塞,使线材连接至飞行器内部的 12 针接口(在飞行器机头左侧),如图 5.27 所示。线材连接好后,将播撒系统装入飞行器。

图 5.27 播撒系统线材连接

5. 整理线材

将播撒系统线材嵌入飞行器底部线卡,如图 5.28 所示。

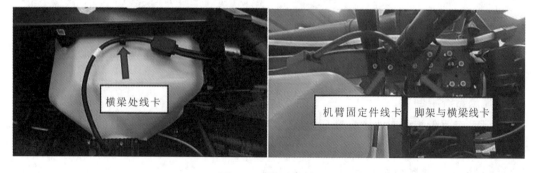

图 5.28 整理线材

6. 安装挡板

准备一侧的挡板,将播撒箱底座的边缘对准挡板的槽位,然后嵌入并卡紧,用同样方法安装另一侧的挡板,如图 5.29 所示。注意两侧挡板接合处的孔位应对齐,在孔位处插入两个螺钉并拧紧。

图 5.29 安装挡板

7. 安装上、下盖

如图 5.30 所示,安装飞行器下盖,从飞行器背部往前压紧卡扣,注意背部线材较多,避免挤压,再将上盖对齐后用 4 个螺钉安装到位,这样上、下盖就安装完毕。

图 5.30 安装上、下盖

8. 播撒系统固件升级

播撒系统安装完成后,依次打开遥控器与无人机,刷新并升级无人机固件(播撒系统固件),如图 5.31 所示,升级时间为 5~10 min。

5.5.2 播撒系统使用

1. 去皮校准

播撒无人机带有质量传感器,所以在作业之前一定要进行去皮校准,使播撒系统质量清

图 5.31　飞行器固件升级

零,如图 5.32 所示。"无料校准"与"重量校准"在出厂时已完成,可直接使用。

图 5.32　去皮校准

2. 流量校准

(1) 如图 5.33 所示,先将播撒盘取下,将桶放在出料口处接住物料,直至物料排空,向播撒箱加入物料,直至加满为止。

图 5.33　流量校准准备

(2) 依次开启遥控器及飞行器,打开大疆农业 APP,选择"新增模板",点击"流量校准",如提示无料,可以将接住的物料再次倒入播撒箱,点击"继续",如图 5.34 所示。

第5章 植保无人机的安全飞行

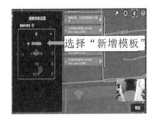

图 5.34 流量校准

3. 调取地块并设置参数

(1) 依次开启遥控器及飞行器,进入大疆农业 APP 作业界面,选择地块,如图 5.35(a)所示。

(2) 对作业地块进行编辑,这里需注意 T30 无人机默认行距为 8 m,需要根据播撒作业情况进行设置,如图 5.35(b)所示。

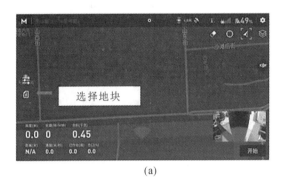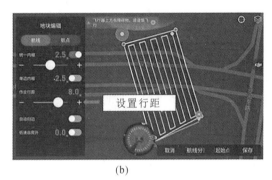

(a)　　　　　　　　　　　　　　　　(b)

图 5.35 调取地块并设置参数

4. 设置作业参数并开始作业

(1) 如图 5.36 所示,点击屏幕左侧的播撒参数设置,进入播撒参数设置,选择播撒料模板,设置亩用量、播撒盘转速、飞行速度等参数。

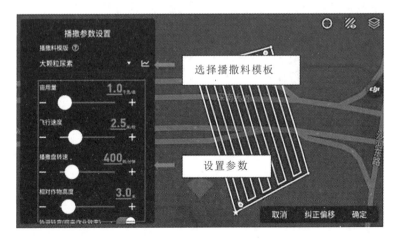

图 5.36 设置作业参数

(2) 建议自行根据所使用的物料调整各参数并进行测试,以达到预期作业效果。

随着农业现代化的推进,植保无人机在农业生产中的应用越来越广泛。然而,植保无人机的安全飞行问题也日益突出。植保无人机的安全飞行需要综合考虑无人机本身的技术性能、驾驶员的操作技能、飞行环境以及法律法规等因素,即建立完善的飞行管理制度,以及加强法律法规的制定和执行。

课后练习

选择题

1. 在选择植保无人机时,需要考虑以下哪些因素?(   )

    A. 作业面积　　　　B. 作物类型　　　　C. 地形地貌　　　　D. 以上都是

2. 以下哪个选项是植保无人机的关键技术之一?(   )

    A. 定位导航技术　　B. 喷洒技术　　　　C. 电池技术　　　　D. 以上都是

3. 以下哪项是植保无人机操作人员必须具备的技能之一?(   )

    A. 无人机驾驶技术　B. 农药使用知识　　C. 气象知识　　　　D. 以上都是

4. 以下哪种情况可能会导致植保无人机坠毁?(   )

    A. 无人机电池电量过低　　　　　　　　B. 无人机信号受到干扰

    C. 无人机飞行速度过快　　　　　　　　D. 以上都是

5. 在使用植保无人机进行农药喷洒时,应该注意哪些安全事项?(   )

    A. 避免在人群密集的地方进行作业

    B. 佩戴防护用具

    C. 避免在雨天进行作业

    D. 以上都是

6. 植保无人机在起飞前需要进行哪些检查工作?(   )

    A. 电池电量检查　　　　　　　　　　　B. 遥控器信号检查

    C. 螺旋桨检查　　　　　　　　　　　　D. 以上都是

7. 在使用植保无人机进行农药喷洒时,以下哪项操作是正确的?(   )

    A. 在人群密集的地方进行作业

    B. 不佩戴防护用具

    C. 按照植保无人机操作手册进行操作

    D. 在雨天进行作业

第 6 章

物流无人机的安全飞行

物流无人机是指利用无线电遥控设备和自备的程序控制装置操纵的可以运输货物或进行其他物流操作的无人机。物流无人机具有多种优势,例如可以在偏远或难以到达的地区进行物流配送,减少人力和运输成本,提高物流效率和速度,同时还可以减轻交通拥堵和环境污染。

物流无人机的应用场景有以下几种。

(1) 快递配送　物流无人机可以在城市或农村地区进行快递包裹的配送,减少人力和运输成本,提高物流效率和速度。

(2) 医疗物资运输　在紧急情况下,物流无人机可以快速运输医疗物资到偏远或难以到达的地区,保障医疗救援的及时性。

(3) 农业植保　物流无人机可以进行农田植保作业,如喷洒农药、施肥等,提高农业生产效率和减少人力成本。

(4) 工业巡检　物流无人机可以进行工业设施巡检,如电力线路、石油管道等的巡检,提高巡检效率和减少人力成本。

(5) 应急救援　在自然灾害或其他紧急情况下,物流无人机可以进行救援物资的运输和投放,保障受灾群众的基本生活需求。

随着技术的不断发展和应用场景的不断拓展,物流无人机的应用前景将会更加广阔。

6.1　机型的选择

选择物流无人机的机型需要考虑多个因素,包括物流需求、飞行距离、载荷能力、电池寿命、飞行时间、气候条件等。目前常用的物流无人机机型如下。

(1) 多旋翼无人机　多旋翼无人机通常比较小巧、轻便,适合在城市或室内环境中进行短距离物流配送,例如快递包裹的配送。

(2) 固定翼无人机　固定翼无人机通常具有较长的飞行距离和较高的载荷能力,适合在农村或偏远地区进行长距离物流配送,例如医疗物资的运输。

(3) 垂直起降固定翼无人机　垂直起降固定翼无人机结合了多旋翼无人机和固定翼无人机的优点,可以在狭小的空间内起降,同时具有较长的飞行距离和较高的载荷能力,适合在城市或农村地区进行中短距离物流配送。

(4) 重载无人机　重载无人机通常具有较高的载荷能力,可以运输较重的货物,例如在工业领域进行货物的运输。

6.1.1　多旋翼无人机

多旋翼无人机是一种具有三个及以上旋翼轴的特殊的无人驾驶飞行器,如图 6.1 所示。其通过每个轴上的电机转动来带动旋翼,从而产生升力。旋翼的总距固定,不能像一般直升机那样可变。改变不同旋翼之间的相对转速,可以改变单轴推进力的大小,从而控制飞行器的运行轨迹。多旋翼无人机具有垂直起降、空中悬停、低空飞行和原地回转等独特飞行功能。

图 6.1 多旋翼无人机

随着电商和物流行业的快速发展,人们对于物流配送的速度和效率要求越来越高。多旋翼无人机作为一种新型物流配送工具,具有快速、灵活、成本低等优势,因此在物流行业中得到了广泛的关注和应用。

(1) 灵活性高:多旋翼无人机可以在狭小的空间内起降和飞行,能够适应复杂的城市环境和地形。

(2) 稳定性好:多旋翼无人机采用多个旋翼来提供升力和控制飞行姿态,具有较高的稳定性和抗风能力。

(3) 操作简单:多旋翼无人机的操作相对简单,不需要专业的飞行员,可以通过遥控器或自主飞行控制系统进行操控。

(4) 成本低:多旋翼无人机的成本相对较低,适合在一些低成本、高效率的物流场景中使用。

同时,多旋翼无人机的使用也存在着一些限制和挑战。

(1) 飞行时间短:多旋翼无人机的电池容量有限,一般只能飞行几十分钟到几个小时,需要频繁更换电池或充电。

(2) 载荷能力有限:尽管多旋翼无人机的载荷能力较强,但相对于其他类型的无人机而言,其载荷能力仍然有限,不能运输过大或过重的货物。

(3) 飞行高度低:多旋翼无人机的飞行高度一般在几十米到几百米,不能飞得过高,易受空域限制和天气等因素的影响。

(4) 安全性问题:多旋翼无人机在飞行过程中可能会受到干扰或出现故障,存在一定的安全风险。

在未来的发展中,需要进一步提高多旋翼无人机的技术水平和载荷能力,加强安全管理,以实现其在物流行业中的广泛应用。

6.1.2 固定翼无人机

固定翼无人机(见图6.2)通常由机身、机翼、尾翼、动力装置和控制系统等部分组成。其中,机身是无人机的主体部分,用于安装各种设备和载荷;机翼是产生升力的主要部件,根据不同的设计要求,可以采用平直翼、后掠翼、前掠翼等形式;尾翼用于保持无人机的平衡性和稳定性,包括水平尾翼和垂直尾翼;动力装置一般为电机或燃油发动机,为无人机提供动力;控制系统用于控制无人机的飞行姿态和航线。

图6.2 固定翼无人机

固定翼无人机具有续航时间长、飞行速度快、载荷能力强、稳定性和操控性良好等特点,在军事侦察、地质勘探、农业植保、航空摄影等领域有相关的应用。同时,固定翼无人机对起降、天气条件等要求较高。固定翼无人机的特点介绍如下。

1. 飞行速度快

固定翼无人机采用固定机翼,不需要依靠旋翼产生升力,因此可以实现更高的飞行速度。在一些需要快速响应的应用场景中,如军事侦察、应急救援等,固定翼无人机具有明显的优势。

2. 航程远

与旋翼无人机相比,固定翼无人机的航程更远。由于不需要消耗大量的能量来维持旋翼的旋转,固定翼无人机可以携带更多的燃料,从而实现更长的续航时间和更远的航程。

3. 载荷能力强

固定翼无人机的机翼和机身结构相对较为简单,可以承载更大的载荷。这使得固定翼无人机能够携带更多的设备和传感器,执行更多类型的任务。

4. 稳定性和操控性良好

固定翼无人机的飞行原理决定了其具有较好的稳定性。在飞行过程中,固定翼无人机受到的气流干扰相对较小,能够保持较为稳定的飞行姿态。

5. 起降要求高

固定翼无人机需要一定的跑道或其他平坦的场地,以便在起飞和降落时获得足够的速度和升力。这对于一些特殊环境下的应用场景,如城市内的侦察和监视任务,可能会受到限制。

6. 机动性较差

与旋翼无人机相比,固定翼无人机的转向和机动性较差。例如在狭窄的空间中飞行或执行精确的操控任务,固定翼无人机可能不太适合。

7. 对天气条件敏感

固定翼无人机的飞行高度较低,容易受到大气环流和气象条件的影响。在恶劣的天气条件下,如大风、雨雪等,其飞行性能可能会受到较大的影响。

在众多类型的无人机中,固定翼无人机凭借自身的特点和优势而备受关注,同时由于固定翼无人机对起降要求高等,也使其发展受到一定的限制。

6.1.3 垂直起降固定翼无人机

垂直起降固定翼无人机,即可以不借助跑道,在原地垂直起飞和垂直降落的固定翼无人机。与传统直升机相比,垂直起降固定翼无人机具有前飞速度快、航程远、航时长等优势;与常规固定翼无人机相比,其能够定点起降和悬停,对机场跑道没有依赖,执行任务能力显著增强。

双飞翼垂直起降固定翼无人机是由中国科学院长春光学精密机械与物理研究所(简称中国科学院长春光机所)自主研发的一款无人机,采用全球首创的双飞翼＋多旋翼气动布局,可实现在-40 ℃、海拔 5500 m,以及 7 级强风中正常起降飞行,动力由新能源锂电池提供,整机加载重为 50 kg,带载能力为 17～18 kg,续航时间为 4 h,可应用于电力、油气管网、林业、救援、测绘等领域。

图 6.3 所示为 FIMI Manta VTOL 垂直起降固定翼无人机。

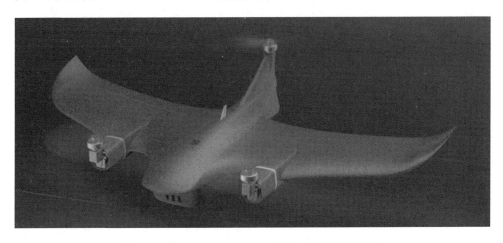

图 6.3 FIMI Manta VTOL 垂直起降固定翼无人机

垂直起降固定翼无人机既拥有固定翼无人机的优点,又解决了多旋翼无人机续航时间短、速度慢、飞行高度较低的问题。垂直起降固定翼无人机的优缺点见表 6.1。

表 6.1　垂直起降固定翼无人机的优缺点

优点	缺点
1.垂直起降能力好:能够在狭小的空间进行垂直起降,不需要跑道。 2.高性能:飞行速度和飞行高度较高,且具有出色的操控性和稳定性,能够在恶劣天气条件下进行飞行。 3.高效性:升空时间短,能够在短时间内完成大量的任务。 4.结构紧凑:体积小,易于携带和部署	1.能耗较高:垂直起降需要消耗大量的能量,续航时间相对较短。 2.载荷能力较低:为了实现垂直起降,垂直起降固定翼无人机配备了额外的动力系统和控制系统,增加无人机的质量,降低了其载荷能力。 3.结构复杂:需要更多的零部件和控制系统,增加了制造成本和维护难度。 4.气动效率低:无人机的气动效率相对较低,因此需要更大的推力来维持飞行。 5.控制难度大:垂直起降固定翼无人机在起降和飞行过程中需要同时控制多个自由度

6.1.4　重载无人机

重载无人机是指具备较高载荷能力的无人机,其载重比在同量级无人机中处于较高水平。重载无人机通常采用纵列双桨布局,具有装载空间大、挂点多、投送手段丰富、重心适应性好等特点。它可以执行搜索救援、定点抛投、通信保障、应急物资运输等任务,并在高海拔地区的工程建设中发挥重要作用。

如图 6.4 所示,以驼航科技(重庆驼航科技有限公司)的"驼峰 500"重载无人机为例,该机型采用纵列双桨布局,最大起飞重量为 500 kg,具备载荷 200 kg 飞行 1 h 约 100 km,以及载荷 150 kg 飞行 3 h 约 300 km 的运输能力。

图 6.4　驼航科技的"驼峰 500"重载无人机

重载无人机体积和质量较大,操控难度相对较高,它们需要更强的动力和控制系统来维持稳定飞行。相较于普通物流无人机,重载无人机通常使用专业级别的遥控器,具有更多的控制通道和更复杂的功能。

重载无人机作为一种新兴的无人机,具有较高的载荷能力和较长的飞行时间,能够执行一些传统无人机无法完成的任务,在物流、救援、军事等领域具有广阔的应用前景。其主要优点介绍如下。

(1) 承载能力强:重载无人机可以携带较重的载荷,例如货物、救援设备、武器等,这使得它在物流、救援、军事等领域具有较大的应用潜力。

(2) 飞行时间长:相比于传统无人机,重载无人机通常具有更大的油箱和更高效的动力系统,能够实现较长的飞行时间。这使得重载无人机能够执行一些需要长时间飞行的任务,例如巡逻、监测等。

(3) 适应性强:重载无人机可以在恶劣的环境条件下飞行,例如高海拔地区、恶劣天气等。这使得重载无人机在一些特殊领域具有不可替代的优势。

(4) 成本效益高:相比于有人驾驶飞机或直升机,重载无人机的成本更低,维护费用也相对较低。这使得重载无人机在一些低成本应用领域具有较大的优势。

(5) 灵活性高:重载无人机可以根据任务需求进行快速部署和调整,具有较高的灵活性。这使得重载无人机能够适应不同的任务场景和需求。

(6) 安全性高:重载无人机不需要飞行员在机上操作,可以避免人员伤亡风险。此外,重载无人机还可以通过遥控或自主飞行方式进行操作,减小了人为因素对飞行安全的影响。

(7) 数据采集能力强:重载无人机可以搭载各种传感器和监测设备,能够实现对目标区域的高精度监测和数据采集。这对于一些需要大量数据支持的应用领域具有重要意义。

重载无人机虽然具有一系列的优点,但是也存在一些缺点和挑战,例如技术要求高、受法律法规限制等。

(1) 技术要求高:重载无人机需要更多的动力系统、控制系统和结构设计等方面的技术支持。这对重载无人机的研发和生产提出了更高的要求。

(2) 受法律法规限制:由于重载无人机具有较高的载荷能力和较长的飞行时间,可能对公共安全和隐私造成威胁,因此,相关的法律法规对重载无人机的使用进行了严格的限制。

(3) 飞行稳定性差:重载无人机在携带较大载荷情况下,飞行稳定性可能会受到影响。这需要在设计和控制方面进行优化,以确保飞行安全。

(4) 能源供应受限制:重载无人机通常需要较大的动力来支持其飞行和载荷能力,这对能源供应提出了较高的要求。目前的电池技术仍然无法充分满足重载无人机的续航时间和航程要求。

(5) 环境适应性差:在恶劣的环境条件下,如强风、高温或低温等,重载无人机性能可能会受到影响。这需要在设计和材料选择方面进行改进,以提高其环境适应性。

6.2 垂直起降固定翼无人机的操作

6.2.1 起飞前安全检查

(1) 检查无人机和遥控器的电量。短按无人机和遥控器的电源键查看电量。

(2) 飞行器结构检查,即检查无人机的桨叶是否有破损,如果破损请更换。

(3) 检查无人机镜头、避障传感器是否有污渍,还要检查 SD 卡是否安装,检查云台转动是否灵活以及云台相机是否安装牢固。

(4) 检查摇杆和按键能否正常使用,天线是否与飞行器垂直,摇杆模式是否符合自己的操作习惯,各按钮是否处于待命状态,电子调速器和电机指示音是否正确。

(5) 进入飞行界面,打开设置检查避障行为。选择避障范围,使其具有充足的反应时间。

(6) 选择合适的飞行高度。观察周围是否有障碍物,如果没有障碍物,飞行高度可以设置为 50 m 或 70 m。如果周围有比较高大的建筑物,飞行高度要参照主界面无人机的飞行高度来设置。

(7) 高级安全设置。把飞行界面拉到最下面,设置无人机失控的安全返航模式。如果飞行器不小心断图传或者低电量,可以自己返回起飞的地点。

(8) 空中紧急停桨。当无人机与遥控器出现失联提示,在排除故障时,禁止使用摇杆进行内八或外八字打杆操作,否则容易造成无人机失去动力,从而引发事故。

6.2.2 飞行中的检查、故障排除与解决

1. 检查

在飞行中,飞手应时刻掌握飞行器的姿态、飞行时间、飞行器位置等重要信息。如果进行超视距飞行,飞手应密切监视地面站中显示的飞行器姿态、高度、速度、电池电量、GPS 卫星数据等重要信息。飞手可以通过遥控器控制无人机的飞行方向、高度和速度。无人机在飞行中的检查内容如下。

(1) 检查飞行器姿态、飞行时间、飞行器位置等重要信息。

(2) 检查人员与飞行器之间的安全距离。

(3) 确保飞行器电池有足够的电量,能够安全返航。

(4) 飞控自校正,即在飞行过程中,如果发现无人机向左倾斜,则需要向右修正,反之亦然。

FIMI Manta VTOL 垂直起降固定翼无人机飞控自校正的方法如下:

① 将云台置于水平桌面,调平后开机并打开 APP,连接蓝牙;

② 打开屏幕左上角第二个云台参数设置图标,在下拉菜单中找到校准功能并打开;

③ 弹出对话框后,点击"确定";

④ 进入校准界面后点击右下角三个小点菜单图标,选择引导校准,然后点击"开始校准";

⑤ 此时用手轻扶手机使屏幕下半部分区域变为绿色状态,保持至倒计时结束后立刻松开手,自动进入校准状态;

⑥ 正面向上,点击"开始校准",显示校准界面。

(5) 正式飞行前进行试飞。

2. 故障排除与解决

垂直起降固定翼无人机在飞行中,一旦发生故障,可能会导致坠机,此时应首先确保人员安全。

遇无人机在飞行中发生故障的处理方法如下。

(1) 保持冷静:保持冷静很重要,不要惊慌失措,尽可能保持对无人机的控制。

(2) 立即返航:如果无人机还能够控制,应立即操纵无人机返航,尽可能将其降落在安全的地方。

(3) 避免危险区域:如果无人机无法控制,应尽量避免让其飞入人口密集区、高压电线等危险区域,以免造成更大的危害。

(4) 联系相关人员:如果无人机发生故障,应立即联系相关人员,如无人机操作人员、维修人员等,以便及时处理故障。

(5) 收集证据:在无人机发生故障后,应尽可能收集相关证据,如故障发生的时间、地点、原因等,以便更好地了解故障情况并采取相应的措施。

物流无人机常见的故障及排除方法如下:

(1) 动力不足　检查电池电量,如果不足则重新充电;

(2) 失去信号　重新连接信号,检查通信是否受到干扰;

(3) 组件损坏　定期检查无人机的各个部分,如螺旋桨、电机等,确保它们没有损坏,如果发现组件损坏,应及时更换;

(4) GPS无法定位　等待几分钟,如果GPS还是没反应,则可能因为GPS天线被屏蔽或者被附近的磁场干扰;

(5) 自动飞行时偏离航线　检查无人机是否调平,检查平衡仪是否放在合适的位置。

6.2.3　飞行后的检查

为了确保无人机的安全和正常运行,在飞行任务结束后还需对无人机进行飞行后的检查,主要包括以下几个方面。

(1) 外观检查:检查无人机的外观是否有明显的损伤、变形或零件松动等情况。

(2) 电池检查:检查电池电量是否充足,电池是否有过热、鼓包或漏液等情况。

(3) 螺旋桨检查:检查螺旋桨是否有弯曲、变形或破损等情况。

(4) 传感器检查:检查无人机的传感器能否正常工作,如加速度计、陀螺仪、指南针等。

(5) 遥控器检查:检查遥控器的电量是否充足,遥控器与无人机的连接是否正常。

（6）数据检查：检查无人机的飞行数据是否正常，如飞行时间、飞行距离、飞行高度等。

为确保无人机的性能，延长无人机的使用寿命，并减少故障和事故的发生，无人机还需要完成以下日常维护。

（1）清洁和干燥：无人机是一种精密的电子设备，需要保持干燥和清洁。如果无人机在使用过程中受潮，使用后应先断电晾干，然后放入防潮箱中吸收水分，待水分去除后再使用。此外，灰尘对无人机的影响也很大，尤其对电机等精密设备。所以要尽量避免无人机在沙砾地面起飞，每次使用后都要除尘并清洁无人机。

（2）电池维护：无人机在使用过程中也要注意外界温度对电池的影响。如果在低温地区使用，要做好电池的"保暖"和"预热"，避免电压快速上升。如果无人机电池鼓包，应立即停机并更换。

（3）电机维护：无人机的飞行稳定性受电机性能的影响。如果无人机在悬停时出现翻滚或者无法平稳降落，可能是电机出了问题。在这种情况下，操作者可以尝试在起飞前重新校准机身。如果还是出现这种情况，则需要及时送厂维修，避免无人机因电机失速而失控或坠毁。

（4）螺旋桨维护：螺旋桨需要经常维护，如果碰撞了障碍物，要特别注意桨叶上是否有影响无人机飞行稳定性的裂纹和缺口。如果螺旋桨严重损坏，则需要更换新的螺旋桨叶片。

6.3 物流无人机的注意事项

物流无人机作为一种新型物流配送工具，具有高效、便捷、低成本等优势，在物流行业中得到了越来越广泛的应用。然而，物流无人机在运行过程中也存在一些安全问题，这些问题不仅会影响物流无人机的正常运行，还可能会对人员和财产安全造成威胁，如无人机的失控、与其他飞行器的碰撞、货物掉落等。只有在保证安全的前提下，才能更好地发挥物流无人机的优势，推动物流行业的快速发展。

6.3.1 物流无人机的降落安全问题

物流无人机在降落过程中面临着各种安全风险，如碰撞、坠落等，这些问题不仅会影响物流无人机的正常运行，还可能造成人员伤亡和财产损失。

（1）选择合适的降落点：在选择降落点时，应综合考虑地形、周围环境、风向等因素，确保降落点平整、空旷、无障碍物，并且没有人员和其他飞行器。

（2）确认天气状况：在降落前，应观察天气状况，避免在恶劣的天气条件下进行降落，例如大风、雨雪、雷电等。

（3）保持良好的通信：在降落过程中，无人机应该与地面控制人员保持良好的通信，确保控制人员能够及时获取有关降落点和周围环境的信息。

（4）控制降落速度：在降落过程中，应该控制好降落速度，避免过快或过慢，以免飞行器损坏或失控。

（5）注意飞行器姿态：在降落过程中，应该注意飞行器的姿态，确保飞行器保持稳定，避免侧翻或碰撞。

（6）检查飞行器状态：在降落后，应该检查飞行器的状态，包括电池电量、螺旋桨、电机等，确保飞行器没有损坏或存在故障。

6.3.2 物流无人机的故障

1. 机械故障

物流无人机的机械结构可能出现故障，如电机故障、旋翼故障、电池故障等，这些故障可能导致无人机失去控制或坠毁。

2. 控制系统故障

物流无人机的控制系统包括飞行控制系统、导航系统、通信系统等，任何一个系统出现故障都可能导致无人机失去控制或坠毁。

3. 动力系统故障

物流无人机的动力系统包括电机、电池、螺旋桨等，任何一个部件出现故障都可能导致无人机失去动力而坠毁。

4. 货物掉落

物流无人机在运输货物的过程中，如果货物固定不牢或者受到外界因素的影响，可能会发生货物掉落，对地面人员和财产造成威胁。

5. 数据安全

物流无人机在飞行过程中会收集和传输大量的数据，包括货物信息、飞行路径等。这些数据必须得到妥善保护，防止被黑客或恶意软件攻击；否则，企业可能会面临数据泄露、财产损失等风险。

6. 隐私安全

物流无人机可能会拍摄到一些私人场所或个人信息，例如家庭住址、个人形象等。这些信息必须得到妥善保护，防止泄露或被滥用；否则，可能会侵犯他人的隐私权。

6.3.3 解决措施

1. 故障处理

（1）机械故障。

① 预防性维护。定期对物流无人机进行检查和维护，确保机械部件能正常运行。这包括检查电机、旋翼、电池、传感器等关键部件的功能和状态。

② 故障预测和监测。使用先进的技术和传感器来监测物流无人机的机械状态，实时监测关键参数，如电机温度、旋翼速度、电池电压等，提前发现潜在的故障隐患，并及时采取措施。

③ 冗余系统设计。在物流无人机的设计中采用冗余系统,即配备备用的关键部件或系统。这样,当一个部件发生故障时,备用部件可以立即接管,确保无人机能继续运行。

④ 紧急着陆程序。制定详细的紧急着陆程序,以应对机械故障导致的失控情况。操作人员应已接受培训,了解如何在紧急情况下安全地控制和降落无人机。

⑤ 远程监控和控制。利用远程监控系统实时跟踪物流无人机的位置和状态。操作人员可以通过远程控制系统对无人机进行控制,以应对机械故障或其他紧急情况。

⑥ 备件和维修支持。确保在需要时有足够的备件可用,并建立快速的维修支持机制。这样可以缩短物流无人机因机械故障而停飞的时间。

⑦ 培训和人员准备。操作人员应接受充分的培训,了解物流无人机的操作和故障处理程序。他们应该具备应对机械故障的技能和知识,以确保安全操作。

(2) 货物掉落。

① 提高无人机的设计和制造质量。无人机的设计和制造质量是保证无人机飞行安全的关键。无人机制造商应该采用高质量的材料和零部件,进行严格的质量检测,确保无人机的机械结构、控制系统、动力系统等方面的安全性。

② 建立完善的飞行前检查和维护制度。物流无人机运营企业应该建立完善的飞行前检查和维护制度,定期对无人机进行检查和维护,及时发现和排除潜在的故障隐患。

③ 加强货物固定和保护。采用更加牢固的货物固定方式,同时在货物外部加装保护装置,减小货物受外界因素的影响。

(3) 数据安全。

① 数据加密:对物流无人机收集和传输的数据进行加密处理,以防止数据在传输过程中被窃取或篡改。

② 匿名化处理:在可能的情况下,对物流无人机收集的数据进行匿名化处理,以保护用户的隐私。

③ 限制数据使用:物流无人机运营企业应该限制数据的使用范围,只在必要的情况下使用数据,并确保数据不会被用于其他不相关的目的。

④ 安全存储:物流无人机收集的数据应该被安全地存储在服务器上,并采取适当的措施防止数据泄露。

⑤ 用户控制:用户应该有权控制其个人收集和使用的数据,例如选择不分享某些数据或随时撤销分享权限。

⑥ 监管和法律:政府和相关机构应该制定相关的法律法规和监管政策,加强对物流无人机数据安全的保护。

⑦ 制定隐私政策:物流无人机运营企业应该制定明确的隐私政策,告知用户其数据将如何被收集、使用和保护。

2. 规范操作

(1) 提高操作人员的技能水平和安全意识。

物流无人机运营企业应该加强对操作人员的培训和管理,提高其技能水平和安全意识,确保其操作规范、熟练。

(2) 制定严格的飞行规则和安全标准。

政府和行业协会应该制定严格的飞行规则和安全标准,对物流无人机的飞行高度、速度、航线等进行限制,确保其在安全范围内飞行。

(3) 加强对无人机的监控和管理。

政府和物流无人机运营企业应该加强对无人机的监控和管理,建立无人机飞行监控系统,实时监测无人机的飞行状态和位置,及时发现和处理异常情况。

3. 加强理论知识学习

(1) 无人机操作基础知识培训：无人机的构造、原理、性能、飞行规则等方面的知识。

(2) 飞行技能培训：无人机的起飞、降落、飞行控制、航线规划等方面技能。

(3) 导航和通信技术培训：无人机的导航系统、通信系统的使用方法和注意事项等。

(4) 飞行安全知识培训：无人机的飞行安全规则、紧急情况处理方法等方面的知识。

(5) 维护和保养知识培训：无人机的日常维护、保养方法、故障排除等方面的知识。

(6) 法律法规培训：无人机的相关法律法规、飞行许可证的申请和使用等方面的知识。

课 后 练 习

一、选择题

1. 物流无人机的主要优点是什么？（   ）

   A. 速度快　　　　B. 成本低　　　　C. 灵活性高　　　D. 以上都是

2. 物流无人机的主要应用场景是什么？（   ）

   A. 快递配送　　　B. 农业植保　　　C. 地质勘探　　　D. 以上都是

3. 物流无人机在起飞前应该进行哪些检查？（   ）

   A. 电池电量检查　　　　　　　　B. 飞行器结构检查

   C. 遥控器信号检查　　　　　　　D. 以上都对

4. 物流无人机在降落时应该注意哪些事项？（   ）

   A. 选择平坦的降落场地

   B. 避免降落时碰撞到其他物体

   C. 确保降落区域没有人员和障碍物

   D. 以上都对

二、问答题

如何规范飞手的操作？

第 7 章

测绘无人机的安全飞行

CEHUI WURENJI DE ANQUAN FEIXING

随着科技的不断进步,测绘无人机的发展经历了几个重要阶段。

首先,传统测绘仪器与设备逐渐被无人机取代。过去,人们在进行测量和绘制地图时需要使用测距仪、全站仪等工具,工作量巨大且效率低下。而无人机的出现使得空中摄影测量技术得到快速发展,大大提高了测绘的效率。

其次,无人机遥感技术被应用。遥感技术是在远离目标情形下,运用主动或被动的传感器对目标或区域进行观测、测量和解译的一种技术。无人机搭载的高分辨率相机、激光雷达和红外传感器等设备,可以对地面进行高精度的遥感测绘,帮助人们获取更多的地理信息。

最后,地理信息系统(GIS)在无人机中的应用也为测绘无人机发展提供重要推动力。无人机通过搭载传感器和地理定位系统,可以获取大量的地理数据。这些数据与地理信息系统结合,使得无人机可以执行环境监测、城市规划、资源调查等任务,为决策者提供可靠的数据支持。

7.1　测绘无人机的种类

目前市面上主流的测绘无人机大多以深圳市大疆创新科技有限公司生产的精灵 4 RTK、御 3E 和经纬 M300 RTK 无人机为主,它们均搭载测绘相机设备,如图 7.1、图 7.2、图 7.3 所示。

图 7.1　大疆精灵 4 RTK 无人机

图 7.2　大疆御 3E 无人机

图 7.3 大疆经纬 M300 RTK 无人机

精灵 4 RTK 无人机内置厘米级导航和定位系统,具有支持 RTK 和 PPK 双解决方案的高性能成像系统。为了提供可直接交付的成像文件,精灵 4 RTK 无人机将经过工厂校准的镜头参数与位置度等多维度数据一起记录到每张照片上。即使在移动网络未覆盖的区域,精灵 4 RTK 无人机仍可连接 D-RTK 2 高精度 GNSS 移动站进行作业,大大提高作业效率。

御 3E 无人机的正式发布,将厘米级导航定位系统集成在消费级旗舰机御 3 无人机上,提升了飞行精度。御 3E 无人机保留御 3 无人机长续航性能,采用 4/3 CMOS 测绘级画质广角相机、厘米级导航定位系统以及便携的折叠方式和小巧的尺寸,正如官方宣传所述"便携新秀,效率随行"。御 3E 无人机在航测效率上提出了新定位。

经纬 M300 RTK 无人机几乎配备了大疆所有最先进的硬件,续航时间达到了 55 min,倾尽了所有软硬件研发能力,通过自身强大的功能与可靠的品质,其作业效率和安全性能获得巨大提升。经纬 M300 RTK 无人机的使用覆盖了警用、测绘、消防、电力、救灾、环保、交通、搜救、农业、林业、采矿、建筑、风机巡检、光伏巡检、海洋勘测、管道巡检、水利,已广泛应用于 20 多个行业 40 多个领域,成为非常高效的空中生产力工具。

7.2 无人机航测流程

7.2.1 航飞前准备

航飞前准备内容包括:确定测区坐标系、中央子午线、高程系统、范围线及航测要求;像控点布设;规划航线。

1. 测区范围

测区范围示意图如图 7.4 所示。

坐标系:CGCS2000(2000 国家大地坐标系);中央子午线:111°;高程系统:大地高。

航测要求:3 cm 模型、3 cm 正射影像(格式:模型为 OSGB,正射影像为 TIFF)。

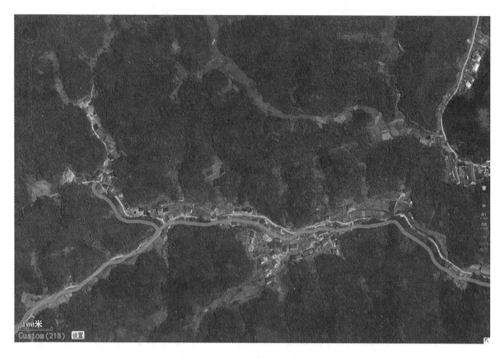

图 7.4 测区范围示意图

2. 像控点布设规则

像控点应布设成菱形或三角形；像控点应布设在水泥、道路等易区分地带；像控点应布设在无遮挡开阔地带；保证间隔 200～500 m 布设一个像控点；避免精度控制不均、内业刺点困难、包含像控点的照片过少的情况。像控点布设示意图如图 7.5 所示。

图 7.5 像控点布设示意图

3. 规划航线

在遥控器中导入无人机范围线（KML 文件）；设置航飞参数，重叠率建议旁向设置为 70%，航向设置为 80%，建议飞行高度为 90 m；GSD（地面采样距离）设置为 2.3 cm，即建模分辨率为飞行地面分辨率的 1.3 倍；航飞范围建议为测区范围外扩 90 m，即飞多高扩多远。

航线规划示意图如图 7.6 所示。

图 7.6　航线规划示意图

7.2.2　航飞作业流程

航飞作业流程如下：采集像控点坐标→测区情况勘察→起飞点选择→飞行高度测试→检查相机是否正常作业→开始执行任务→检查并拷贝照片→像控点坐标导出。

(1) 采集像控点坐标。以喷漆方式制作 L 形标记，飞得越高，标记应当越大，采用 RTK 测量技术测量 L 形标记的内角。像控点坐标采集示意图如图 7.7 所示。

图 7.7　像控点坐标采集示意图

(2) 测区情况勘察。结合卫星影像现场勘察测区地形起伏情况，观察是否有可能影响无人机飞行的因素，如图 7.8 所示。

图7.8 测区情况勘察

(3) 起飞点选择。起飞点应选择在测区中间位置,保证在视野开阔无遮挡地带及周围无障碍物地带起飞,如图7.9所示。

图7.9 起飞点示意图

(4) 飞行高度测试。执行任务前应用无人机往测区最高点飞行,判断无人机能否飞过最高地物并目测使无人机高于地物50 m,如图7.10所示。

(5) 检查相机是否正常作业,避免航线任务执行中不储存照片;然后即可一键开始起飞以执行任务,如图7.11所示。

(6) 检查并拷贝照片。取出SD卡,找到DCIM目录下航线任务名称的文件夹,检查照片质量、数量并导出照片,如图7.12所示。

(7) 像控点坐标导出。打开手机上测量APP,找到当天作业任务文件,选择导出APP名称、东坐标、北坐标、高程信息的文本格式。导出的像控点坐标如图7.13所示。

第 7 章 测绘无人机的安全飞行

图 7.10 飞行高度测试示意图

图 7.11 航飞作业示意图

图 7.12 照片导出示意图

119

	A	B	C	D	E	F
1	1		3147612	535666	149.428	
2	2		3147345	536585.9	113.025	
3	3		3147291	536347.1	116.691	
4						

图 7.13 像控点坐标

7.3 内业三维模型制作流程

内业三维模型制作流程如下：创建新的工程→提交空三（即空中三角测量）→导入像控点→刺点→再次空三→三维建模。

（1）新建工程。创建新的工程，用英文创建工程名称（注意不能使用中文），选择好工程路径，如图 7.14 所示。

图 7.14 新建工程示意图

(2) 提交空中三角测量(简称空三)。点击添加影像文件,选择添加整个目录,点击 3D 视图检查航线、坐标信息等,没有问题后选择提交空三任务(需要打开引擎),检查空三质量报告。3D 视图航线示意图如图 7.15 所示。

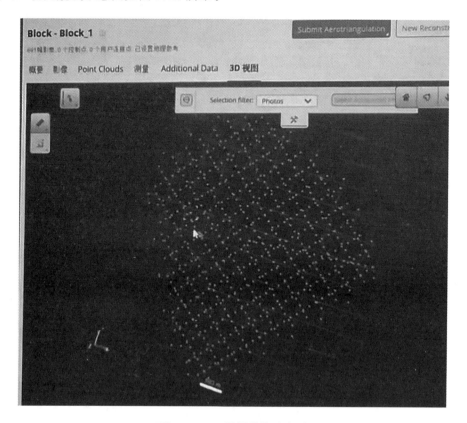

图 7.15　3D 视图航线示意图

(3) 导入像控点。选择对应的经度、纬度、高程(X 选择六位数,Y 选择七位数,Z 是海拔高度),如图 7.16 所示,坐标系选择 CGCS2000。

(4) 刺点。刺点要注意照片清晰度,注意刺点位置(刺点应刺内角),每个点位最少刺五张照片。刺点优劣示意图如图 7.17 所示。

(5) 再次空三。空三通过后注意检查刺点精度,根据空三质量报告中像控点颜色来区分:红色,表示空三错层,重投影中误差大于 3 个像素;黄色,表示刺点误差大,可通过重新刺点、再次提交空三的方式解决;绿色,表示刺点通过,在误差范围内。需要检查像控点刺点是否准确,像控点本身是否存在错误。若检查无误,重新提交空三后仍出现此问题,则需要将该空三结果切换之后再次提交空三。刺点精度检查示意图如图 7.18 所示。

(6) 三维建模。选择自适应切换以减小电脑负担,RAM(即内存)使用量根据电脑配置选择,提交三维建模(选择常用的 OSGB 格式,纹理压缩可以把 JPEG 图片质量调高,使模型纹理变得更清晰),一般选择 3 个像素,坐标系选择 CGCS2000,如图 7.19 所示。

图 7.16 经度、纬度、高程选择示意图

图 7.17 刺点优劣示意图

图7.18 刺点精度检查示意图

图7.19 坐标系选择

7.4　DJI Pilot 飞行软件功能讲解

7.4.1　飞行前检查

（1）检查飞行器状态，包括健康信息、飞行挡位、智能飞行电池电量、遥控器电池电量、返航点状态、RTK 状态（如不需要连接可忽略）以及相机 micro SD 卡存储信息。

（2）检查飞行安全设置，包括返航高度、失联动作、限高、限远、刷新返航点，选择摇杆模式，设置电量报警阈值、避障行为、避障开关和避障距离。

飞行前检查项目如图 7.20 所示。

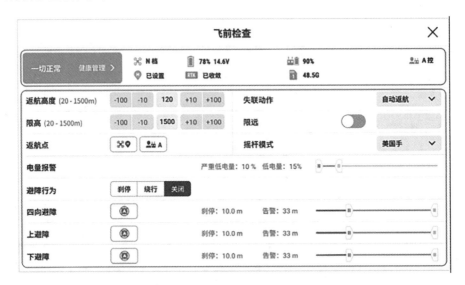

图 7.20　飞行前检查项目

上述检查涉及术语解释如下。

（1）返航高度：指返航时相对起飞点的高度，在触发自动返航时生效，默认为 120 m，可根据任务环境增加返航高度，但如果超过当地限飞高度，会提示无法起飞。

（2）失联动作：在遥控器和飞行器断开连接 10 s 后该动作生效，默认为自动返航，可设置为原地下降或保持悬停，建议保持默认设置。

（3）返航点：当 GNSS 信号首次显示为强或较强（白色）时，将飞行器当前位置记录为返航点，触发自动返航时会返回该目标。也可将返航点设置为遥控器位置，则触发自动返航时飞行器会向飞手当前位置返航。

（4）限远：飞行器至返航点的直线距离不能超过设置的限远距离。

（5）摇杆模式：可选择美国手、日本手、中国手。

（6）低电量：遥控器开始发出"嘀、嘀"的蜂鸣提示，表示低电量。此时飞行器飞行仍由用户保持操控。环境风速较大或者电池使用次数较多时,应提高低电量报警值。

(7) 严重低电量:遥控器开始发出"嘀嘀嘀嘀……"的急促蜂鸣提示,表示严重低电量。此时飞行器飞行仍由用户保持操控。但严重低电量对飞行安全影响较大,请务必尽快降落。

(8) 避障行为:指飞行器在返航遇到障碍物时所采取的飞行动作。选择"绕行",即开启辅助飞行功能,飞行器遇到障碍物时将自主绕行;选择"刹停",飞行器将悬停在障碍物前。

(9) 避障:飞行器具有四向、上方、下方避障能力,可设置不同方向上的告警和刹停距离,最小刹停距离为1 m。点击相应图标可打开、关闭任意方向上的避障系统,新手不建议关闭避障功能。

7.4.2 航线规划功能

航线规划功能如图7.21所示。

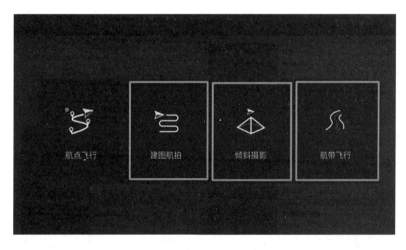

图 7.21 航线规划功能

(1) 航点飞行。航点飞行的规划方式包含地图选点和在线任务录制两种。地图选点可通过在地图界面中添加并编辑航点以生成航线。在线任务录制则是在飞行过程中记录飞行器打点位置、拍照信息等以自动生成航线。

(2) 建图航拍。使用建图航拍功能,飞行器可在规划的区域内,根据设置的航线参数,自动沿着"弓"字形航线完成对地的数据采集。在建图航拍中,还可开启智能摆动拍摄及仿地飞行功能。

(3) 倾斜摄影。倾斜摄影是在测绘区域内生成5条"弓"字形航线,分别控制云台在5个不同方向上采集正射和倾斜的影像,主要用于制作实景三维模型。

(4) 航带飞行。航带飞行是针对河流、管道、道路等带状区域进行正射影像的数据采集方式。它可规划带状区域的中心线,并沿此线向外扩展生成测绘区域。

7.4.3 航线参数设置

建图航拍参数设置如图 7.22 所示。

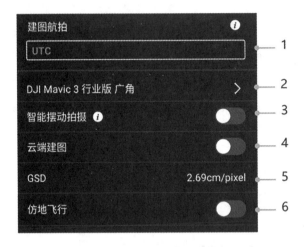

图 7.22　建图航拍参数设置

（1）重命名：输入任务名称，此名称也将作为数据存储的文件名；

（2）选择相机：点击进入后，根据飞行器负载类型选择相机型号；

（3）智能摆动拍摄：飞行器自动控制负载进行多角度拍摄，采集 3D 建模所需的正射和倾斜照片；

（4）云端建图：通过大疆司空 2 云平台进行云端建图；

（5）GSD：地面采样距离，又称地面影像分辨率，指相邻像素中心的距离代表的实际地面距离，如图 7.23 所示；

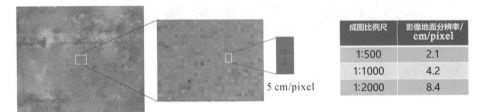

图 7.23　GSD 与比例尺的关系

（6）仿地飞行：飞行器根据获取的地表高度数据以相对地表恒定的高度飞行。

7.4.4 自定义相机设置

自定义相机参数设置如图 7.24 所示。

（1）名称：编辑新建相机的名称；

（2）照片分辨率：指拍摄照片的分辨率；

（3）传感器尺寸：指传感器的物理尺寸；

(4) 焦距:指镜头的实际焦距(非等效焦距);

(5) 最小定时拍间隔:指相机能长时间连续拍摄时最小的拍摄间隔时间,最小可设置为 1 s。

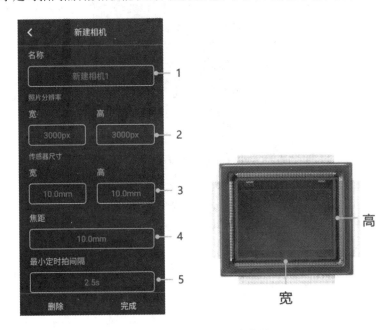

图 7.24　自定义相机参数设置

7.4.5　智能摆动拍摄设置

智能摆动拍摄参数设置如图 7.25 所示。

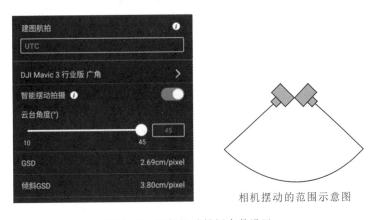

图 7.25　智能摆动拍摄参数设置

(1) 云台角度:指相机摆动的范围;

(2) GSD:指垂直影像的 GSD;

(3) 倾斜 GSD:指倾斜影像的 GSD。

7.4.6　仿地飞行设置

仿地飞行设置如图 7.26 所示。

图 7.26 仿地飞行设置

(1) 实时仿地：飞行器飞行时使用感知系统,实时获取地形数据,保持固定的对地飞行高度。

(2) DSM 仿地：飞行器通过遥控器获取 DSM 文件,调整航线高度,飞行时保持固定的对地高度。

(3) 仿地飞行高度：指仿地飞行时飞行器距离地表的高度。

(4) 本地导入：通过导入 DSM/DEM 文件,APP 生成变高航线。可采用以下两种方法获取测区范围内的 DSM/DEM 文件：① 采集测区的二维数据,通过大疆智图软件进行二维建模,生成的 gsddsm.tif 文件即为可进行仿地飞行的高程文件,将其导入遥控器 micro SD 卡中；② 在公开的地形数据下载网页中下载测区的地形数据,将其导入遥控器 micro SD 卡中。

(5) 网络下载：通过 APP 下载高程数据库即 ASTER GDEM V3 的开源数据,可直接使用网络数据获得 DSM 文件,再生成变高航线。

(6) DSM 文件：指包含了地表建筑物、桥梁和树木等高度的地面高程模型。

实时仿地功能是通过大疆御 3E/M 无人机的视觉传感器实现的,夜间、弱光、大雾、大面积水面等光照较差或纹理单一场景会影响视觉传感器,故应谨慎使用实时仿地功能。

7.4.7 高度参数设置

(1) 高度模式：选择计算航线高度的起算面,包括相对起飞点高度模式和海拔高度(EGM96)模式。

(2) 相对起飞点高度模式：航线高度的起算面为起飞点所在的位置,如图 7.27 所示。

(3) 航线高度(相对起飞点高度模式下)：飞行器作业时相对起飞点的高度。

(4) 被摄面相对起飞点高度(相对起飞点高度模式下)：当起飞点与测区高度不同时,则

第 7 章 测绘无人机的安全飞行

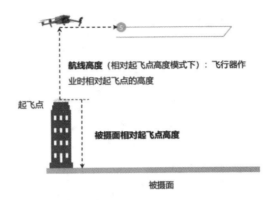

图 7.27　相对起飞点高度模式参数设置及说明

需调整被摄面相对起飞点高度,被摄面高于起飞点时为正值,被摄面低于起飞点时为负值,数值等于被摄面高度减去起飞点高度。

(5) 海拔高度(EGM96)模式:输入的航线高度为海拔高度(EGM96),如图 7.28 所示。

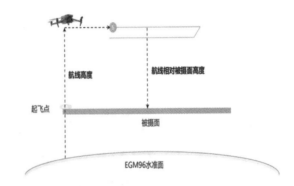

图 7.28　海拔高度模式参数设置及说明

(6) 航线高度(海拔高度(EGM96)模式下):飞行器作业时飞行的海拔高度。

(7) 航线相对被摄面高度(海拔高度(EGM96)模式下):航线到被摄面的距离,此距离用于计算 GSD。

安全起飞高度参数设置及说明如图 7.29 所示,其中各术语解释如下。

(1) 安全起飞高度:相对起飞点的高度值。飞行器起飞后会先上升至安全起飞高度,再飞向航线起始点。安全起飞高度要高于起飞点到第一个航点之间障碍物的高度。

(2) 起飞速度:飞行器起飞到达安全起飞高度后,飞向航线起始点的飞行速度,可设置为最大值,以提高起飞效率。

(3) 航线速度:飞行器进入航线后的作业速度,可设置为最大值,以提高作业效率。

(4) 主航线角度:可调整航线方向,同时也可调整航线起止位置。应注意的是,不同的航线方向,任务预计时间不同,在默认的主航线角度下,任务预计时间最短。

(5) 高程优化:优化高程精度。开启"高程优化",飞行器会在作业结束后飞向测区中心,采集一组用于优化高程精度的倾斜照片,建议测绘时开启。

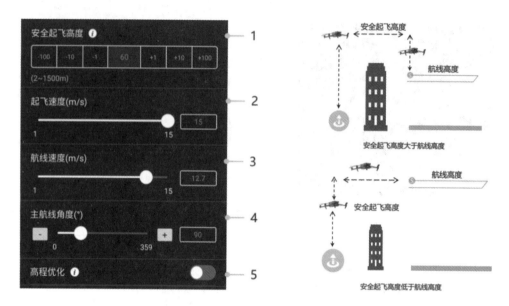

图7.29 安全起飞高度参数设置及说明

7.4.8 完成动作设置

完成动作是飞行器完成航线飞行后,执行的飞行动作,其设置如图7.30所示。

图7.30 完成动作设置

(1) 退出航线模式:在完成航线飞行后飞行器将悬停在最后一个航点,等待遥控器指令进行下一步动作,如果跟随飞行器作业则可选择"退出航线模式";

(2) 自动返航:在完成航线飞行后飞行器将返回返航点,当起飞点和降落点是同一个地点时建议选择"自动返航";

(3) 原地降落:在完成航线飞行后飞行器将原地降落;

(4) 返回航线起始点悬停:在完成航线飞行后飞行器将返回航线起始点悬停;

(5) 高级设置:可设置旁向重叠率、航向重叠率、边距和拍照模式;

(6) 边界点位置:见图7.30的下部,显示当前被选中边界点的位置,可通过输入经度和纬度坐标来编辑边界点位置或手动调整边界点的位置。

7.4.9 高级设置

高级设置如图7.31所示。

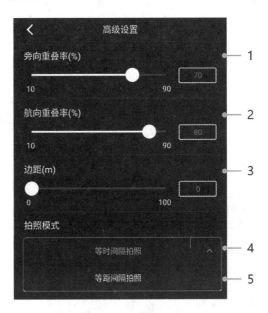

图7.31 高级设置

(1) 旁向重叠率:指两条航线间照片的重叠率。

(2) 航向重叠率:指单条航线上照片的重叠率。

重叠率是影响后期模型重建的关键因素之一。DJI Pilot 2默认旁向重叠率为70%,航向重叠率为80%,适用于大部分场景。若测区平坦无起伏,则可适当降低重叠率,以提高作业效率;若测区起伏较大,建议提高重叠率,以保证建模效果。

(3) 边距:生成航线区域超出测区的距离。设置边距的目的是通过在测区外拍摄,保证测区边缘的精度。

(4) 等时间隔拍照:相机按照固定的时间间隔进行拍摄。

(5) 等距间隔拍照:相机按照固定的飞行间距进行拍摄,航测用户建议选择"等距间隔拍照"。

7.4.10 倾斜摄影功能

倾斜摄影是在测绘区域内生成5条"弓"字形航线,分别控制云台在5个不同方向上采集正射和倾斜的影像,用于制作实景三维模型。第1条航线为正射航线,其余4条为倾斜航线,在倾斜航线飞行区域作业时,飞行区域会超出测绘区域,请注意飞行安全。倾斜摄影功能如图7.32所示。

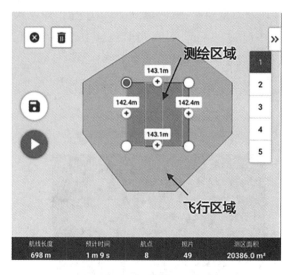

图 7.32　倾斜摄影功能

倾斜摄影参数设置如图 7.33 所示。

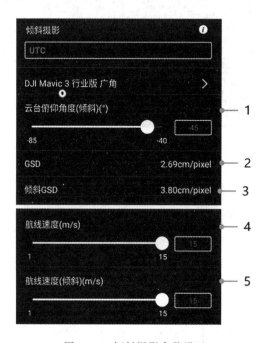

图 7.33　倾斜摄影参数设置

(1) 云台俯仰角度(倾斜):调节第 2～5 条航线上无人机作业时相机拍摄的角度(−90° 表示相机垂直向下);

(2) GSD:在第 1 条航线上相机正射(相机垂直于地面)拍摄时的地面影像分辨率;

(3) 倾斜 GSD:在第 2～5 条航线上相机倾斜拍摄时的地面影像分辨率;

(4) 航线速度:飞行器在第 1 条航线上作业时的飞行速度;

(5) 航线速度(倾斜):飞行器在第 2～5 条航线上作业时的飞行速度。

倾斜摄影高级设置如图 7.34 所示。

第 7 章 测绘无人机的安全飞行

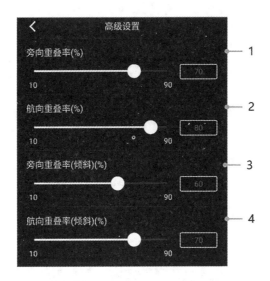

图 7.34 倾斜摄影高级设置

（1）旁向重叠率：在第 1 条航线上作业时相邻两条航线间照片的重叠率；

（2）航向重叠率：在第 1 条航线上作业时单条航线上照片的重叠率；

（3）旁向重叠率（倾斜）：在第 2～5 条航线上作业时的旁向重叠率；

（4）航向重叠率（倾斜）：在第 2～5 条航线上作业时的航向重叠率。

7.4.11 航带飞行功能

如图 7.35 所示，开启"单航线"后规划的中心即为作业的航线。此模式下，"航带"菜单中的外扩距离是指沿中心线向两边扩展的距离，用于覆盖拍摄物体，需根据拍摄物体大小调整外扩距离。相机拍摄的覆盖范围有限，调整外扩距离会限制"航线"菜单中的"航线高度"。

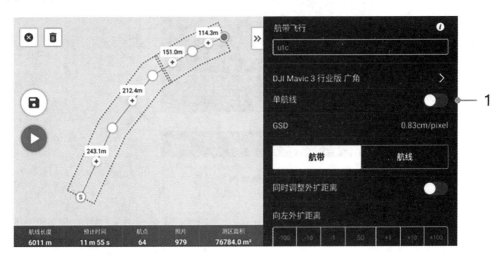

图 7.35 "单航线"功能

航带参数设置如图 7.36 所示。

（1）航带：在此菜单中可调整测绘区域；

图 7.36 航带参数设置

(2) 同时调整外扩距离:打开后可同时调整沿中心线向左、右外扩的距离;

(3) 向左外扩距离:调整沿中心线向左外扩的距离;

(4) 向右外扩距离:调整沿中心线向右外扩的距离;

(5) 航带切割距离:调整航带切割的距离,可将带状区域分割成小区域作业。分割范围主要考虑飞行器的通信距离,小区域作业可避免飞行器信号丢失。

航线参数设置如图 7.37 所示。

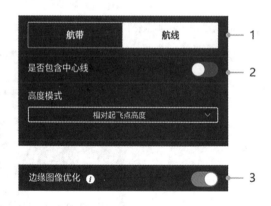

图 7.37 航线参数设置

(1) 航线:在此菜单中可调整航线参数;

(2) 是否包含中心线:开启"是否包含中心线"选项后,就会沿中心线向外生成航线,此模式会保证中心线为航线;

(3) 边缘图像优化:开启"边缘图像优化"选项后,会在当前航线外侧再增加两条新的航线,以拍摄更多航线边缘细节照片。

课 后 练 习

一、选择题

1. 下列哪台无人机不能用于测绘作业？（　　）
   A. 大疆 M300 RTK 无人机　　B. 大疆御 3E 无人机
   C. 大疆精灵 4 RTK 无人机　　D. 大疆 Avata 穿越机

2. 下列不属于航飞作业流程的是（　　）。
   A. 采集像控点坐标　　B. 测区情况勘察
   C. 确定测区坐标系　　D. 像控点坐标导出

3. "等距间隔拍照"是指（　　）。
   A. 调整沿中心线向左外扩的距离　　B. 相机按照固定的飞行间距进行拍摄
   C. 两条航线间照片的重叠率　　D. 相机按照固定的时间间隔进行拍摄

4. 测绘参数设置中 GSD 是指（　　）。
   A. 地面影像分辨率，指相邻像素中心的距离代表的实际地面距离
   B. 测区范围线
   C. 飞行器自动控制负载进行多角度拍摄，采集 3D 建模所需的正射和倾斜照片
   D. 飞行器根据获取的地表高度数据以相对地表恒定的高度飞行

5. 下列哪一项不是航飞前准备工作？（　　）
   A. 像控点布设　　B. 确定范围线及航测要求
   C. 确定测区坐标系　　D. 建立三维模型

二、问答题

1. 无人机在测绘领域中具有哪些优势？
2. 无人机在测绘中需要注意哪些问题？
3. 如何使用无人机的仿地飞行功能？

第 8 章

安防无人机的安全飞行

ANFANG WURENJI DE ANQUAN FEIXING

安防无人机是一种搭载了摄像头的无人机,可以实现安防立体化。它具有高机动性、长航时、快速响应等特点,在安防领域应用时可充分发挥其覆盖面广、机动灵活的优势。安防无人机在社会生产、公共安全和人民生活等诸多方面都有实际应用,比如防疫抗灾、治安巡逻、大型活动安保等。

1. 防疫抗灾

在疫情灾害救援中,无人机可以在物质运送、搜索救援以及灾情感知方面发挥重要作用。在航空救援中,无人机具有成本低、易操纵、灵活性高等特点,可以携带一些重要的设备在空中完成特殊任务,如空中监视、空中转信、空中喊话、紧急救援等。

2. 治安巡逻

安防无人机与地面安保相配合进行日常治安巡防,构建起现代化的立体治安防控网络,可有效节约人力,提升巡控管理工作科技水平。无人机可携带多种安防设备,包括高清数码摄像机、夜视仪等,帮助安保部门对管辖区域进行定时定线高空巡逻,还可有效巡查监控死角、盲区等位置,确保全方位掌控相关区域的公共安全状况。

3. 大型活动安保

在大型活动中,无人机可以进行空中监控以实时掌握现场动态,合理调配警力,防止人群踩踏等事故的发生。无人机还可以搭载空中喊话工具对地面进行疏导指挥,及时发布广播指引;也可以挂载探照灯对局部区域进行不间断照明,防止因黑暗造成恐慌而发生拥堵和踩踏。

8.1 机型的选择

选择适合的安防无人机机型需要考虑续航时间、飞行速度、载重能力、起降场地等因素,并结合实际应用场景进行综合评估。在选择安防无人机机型时,需要根据具体任务需求进行,以确保无人机能够高效、稳定地完成任务。

(1)续航时间。续航时间是选择安防无人机机型的重要因素之一。不同的任务需要不同的续航时间,一般来说,续航时间越长,无人机能够执行的任务越多。

(2)飞行速度。飞行速度也是选择安防无人机机型的重要因素之一,对于需要快速响应的任务,如紧急救援、反恐等,无人机的飞行速度越快越好。

(3)载重能力。载重能力是指无人机能够携带的载荷量,包括摄像头、传感器、武器等。不同的任务需要不同的载重能力,需要根据具体任务需求进行选择。

安防无人机在城市管理中可充分运用互联网、云计算等通信和信息技术手段,在智能交通、城市安防等应用中大放异彩。下面以大疆御3T、道通智能EVO Lite、大疆经纬M30T三款无人机为例来介绍不同型号安防无人机的特点。

1. 大疆御 3T 无人机

大疆御 3T 无人机是大疆于 2022 年 9 月 27 日发布的一款无人机,配备 1/2″CMOS 4800 万像素的广角主相机、1200 万像素高清长焦相机和 640×512 分辨率的热成像相机,如图 8.1 所示。其主要优势如下:

(1) 一次作业即可实现可见光与热成像多种作业;

(2) 热成像镜头支持点测温、区域测温、高温警报、调色盘及等温线等功能,提供了强大的红外感知能力,可以实时监测异常过温情况,虽无法避免火灾发生,但针对火势扩散可提供及时预警;

(3) 热成像相机和长焦相机可实现 28 倍联动变焦及连续变焦,便于用户高效对比,可同步缩放,确认细节,即使是在夜间,也可帮助搜救人员快速寻人定位。

图 8.1 大疆御 3T 无人机

大疆御 3T 无人机主要针对消防、巡检、搜救等场景,集广角、长焦和热成像相机于一体。在城市管理中,大疆御 3T 无人机的影像性能可以充分发挥作用,应用场景包括城市规划、城市建设、城市交通、城市环境、城市安全。

(1) 城市规划:使用御 3T 无人机的高清摄像头和广角镜头,可以拍摄城市的全貌和细节,帮助城市规划者更好地了解城市的现状。

(2) 城市建设:使用御 3T 无人机的高清摄像头和热成像相机,可以对城市建设项目进行监测和评估,例如建筑施工、道路修建、管道铺设等。

(3) 城市交通:使用御 3T 无人机的高清摄像头和变焦镜头,可以对城市交通状况进行监测和分析,例如交通拥堵、事故处理、交通流量等。

(4) 城市环境:使用御 3T 无人机的高清摄像头和热成像相机,可以对城市环境进行监测和评估,例如空气质量、水污染、噪声污染等。

(5) 城市安全:使用御 3T 无人机的高清摄像头和喊话器,可以对城市安全状况进行监测和管理,例如突发事件处理、巡逻监控、犯罪预防等。

2. 道通智能 EVO Lite 无人机

道通智能 EVO Lite 无人机(见图 8.2),采用创新的四轴云台设计,搭载 5000 万像素超感知摄像头和 1/1.28″CMOS 影像传感器,采用 RYYB 滤色阵列设计,比传统 RGGB 阵列多吸收 40% 光线,保证在夜间也能拥有充足的进光量。其拥有 40 min 续航时间、7 级抗风能力以及三向避障能力,能在飞行时为用户提供强大的性能支撑。它的面世打破以往消费级无人机仅支持横屏拍摄的创作局限。

图 8.2　道通智能 EVO Lite 无人机

道通智能 EVO Lite 无人机采用 5000 万像素传感器,支持 4K 视频拍摄,得益于全新智能超感光算法,其在低光环境下也表现良好,光圈在 F2.8~F11 可调,前、下、后各配备 2 路广角视觉避障系统,前视双目感知范围为 150°。

与其他品牌无人机相比,道通智能 EVO Lite 无人机具有以下优势。

(1) **影像传感器优势**:采用了 CMOS 影像传感器,可拍摄最高 4K 视频。

(2) **光圈优势**:F2.8~F11 可调光圈,让无人机可适应不同环境的光线。

(3) **图传技术优势**:配置了全新一代 Autel SkyLink 图传技术,这项技术可以让道通智能 EVO Lite 无人机做到 1 km 图传分辨率达到 2.7K,同时可支持远达 12 km 的图传距离,信号传输更稳定,画质更流畅。

(4) **避障优势**:采用三向双目视觉感知系统,机身前、后、下各配备了 2 路视觉传感器,前视双目感知范围可达 150°,大大提升了飞行航拍的安全性,带给用户很好的避障体验。

道通智能 EVO Lite 无人机还有飞行性能强、抗风能力强、画质好等优势,在安防领域的应用主要有三向避障、实时监控、数据传输,同时在多应用场景中可以通过 Autel Sky APP 实现一键短片、全景、延时、环绕、跟拍等智能摄影功能。

3. 大疆经纬 M30T 无人机

大疆经纬 M30T 无人机(见图 8.3)搭载 3 个专用摄像机,4800 万像素,16 倍光学长焦,可以将画面拉近,即使是细小的物体也能看清。其搭载的激光测距仪能精准显示飞行器至所瞄准目标之间的距离,精准到厘米;搭载的热成像相机即使在夜晚或恶劣环境下也能正常使用。同时,无人机机身 6 个面都配备了双目视觉和红外线传感器,用于环境感知和避障,防止飞行器撞树。

飞行器和遥控器都具备防水功能,可以在小雨中正常飞行,这是民用无人机无法实现的。飞行器能在 7000 m 以上的海拔起飞飞行,飞行时间可达 40 min。大疆经纬 M30T 无人机在安防领域的应用场景包括救援、治安巡逻、高压电线结冰巡线等。

上述三款无人机对比如表 8.1 所示。

图 8.3 大疆经纬 M30T 无人机

表 8.1 大疆御 3T、道通智能 EVO Lite、大疆经纬 M30T 对比

型号	大疆御 3T	道通智能 EVO Lite	大疆经纬 M30T
影像画质	配备 1/2″CMOS 4800 万像素的广角主相机和 1200 万像素高清长焦相机	采用 1/1.28″CMOS 传感器,有效像素 2000 万,超感光和夜景拍摄表现良好,配备 ND 滤镜	搭载 3 个专用摄像机(4800 万像素,16 倍光学长焦)、激光测距仪、热成像相机
续航能力	续航时间长达 45 min,悬停时间达 38 min	最长飞行时间和悬停时间分别是 40 min 和 38 min	最长飞行时间和悬停时间分别是 40 min 和 38 min
防水功能	机身不防水,但它采用了密封性较好的设计,具有防雨功能	机身采用了防水设计	飞行器和遥控器都具备防水功能
避障功能	配备了前、后、下三向双目视觉感知系统,具备三向避障功能	前、后、下三个方位配置了双目视觉感知系统,因此可做到三向避障	机身 6 个面都配备了双目视觉和红外线传感器

8.2 大疆经纬 M30T 无人机的操作步骤

8.2.1 起飞前安全检查

1. 设备安全检查

(1) 无人机机身检查:检查无人机机身是否有裂痕或损伤,机身螺钉是否松动或有异常情况,是否能够正常开机。

(2) 桨叶检查:检查桨叶外观是否有破损、裂痕,检查螺旋桨是否扣紧。如果准备长途旅行航拍,最好带上备用桨叶。

(3) IMU(惯性测量单元)检查:检查 IMU 是否正常,如有异常则进行 IMU 校准。

(4) 遥控器检查:检查天线是否有损伤,遥控器电量是否充足,遥控器与手机的连接线是否正常;检查遥控器摇杆是否拧紧,使用时可以带上备用摇杆;开启遥控器和无人机,检查遥控信号和图传信号是否正常,如果遥控器连接异常,及时联系售后解决。

(5) 电池检查:检查电池是否鼓包或变形,如果鼓包要停止使用;检查电池电量是否充足,按一下电池开关,若开关圆环全部亮了就表示满电;最后检查电池是否卡紧,保证电池不松动。

(6) 云台相机检查:取下云台保护罩,检查镜头是否干净,如果脏了要擦干净,检查完后套上保护罩。

(7) 视觉定位检查:检查视觉定位的摄像头是否有损坏或者有异物,擦拭干净镜头。如果 APP 提示需要进行视觉定位校准,就及时进行校准。

(8) DJI Pilot 2 APP 检查:检查 DJI Pilot 2 APP 是否安装并正常登录,固件是否需要升级。如果需要进行固件升级,则及时升级固件。

(9) SD 卡检查:检查无人机是否安装了 SD 卡,SD 卡的空间是否足够。另外,还要检查 DJI Pilot 2 APP 的设置,看看图像和视频是存储到 SD 卡上还是无人机的闪存上,需要设置为存储到 SD 卡上。

2. 环境检查

(1) 查询限飞区域:通过 DJI Pilot 2 APP 查询限飞区域,确保起飞点在开阔地带,地势平整、视野开阔。

(2) 附近障碍物检查:确保起飞点附近没有障碍物。

(3) 天气情况确认:确保天气情况适合飞行。

(4) GPS 信号检查:确保 GPS 信号正常,不要在电塔、通信塔、矿山等地起飞。

(5) 指南针检查:确保指南针正常,避免强磁环境影响无人机的飞行安全。

(6) 视距范围确认:确保无人机在视距范围内飞行,起飞点要远离人群和水面。如果在湖泊、河流、大海等地,起飞点一定要在离岸边 20 m 以外的地方。

无人机在执行安防任务时,其与操作人员之间的通信是至关重要的。良好的通信可以确保操作人员能够实时了解无人机的位置、状态和任务执行情况,从而及时作出决策和调整。如果通信中断或受到干扰,操作人员将失去对无人机的控制,可能导致任务失败甚至安全事故的发生。因此,无人机与操作人员之间的通信检查非常重要。

8.2.2 飞行中的检查

大疆经纬 M30T 无人机在飞行中可以通过 DJI Pilot 2 APP 飞行界面检查各项飞行参数,具体操作步骤如下。

(1) 打开 DJI Pilot 2 APP 飞行界面,检查顶部状态栏,确认健康、机控、电量、挡位、可用内存等信息是否正常。

(2) 设置返航高度、限高、限远、失联动作等,滑动设置不同报警电量。返航高度是指飞行器在失去遥控器控制时的返航高度。失联动作推荐选择默认设置,即飞行器在失去遥控信号后会返回返航点。

(3) 设置飞行模式,一般有使用卫星加感知辅助的 N 挡正常模式、关闭水平感知而辅助飞行速度更快的 S 挡运动模式、比 N 挡速度更慢更安全的 F 挡增稳模式和全手动的 F 挡姿态模式四种。

(4) 设置摇杆模式,一般有美国手、日本手、中国手三种。

(5) 设置低电量报警阈值,推荐设置为 25% 和 15%。当电量达到 25% 时,遥控器会发出"嘀嘀嘀"的报警声音,提示尽快返航换电池。当电量达到 15% 时,遥控器会提示是否自动返航(降落),如不操作则在固定时间后飞行器将自动返航。

(6) 针对对应方向感知避障系统,滑动设置告警值与刹停值。

8.2.3 飞行后的检查

为确保大疆经纬 M30T 无人机的正常工作,并延长无人机的使用寿命,需要在飞行任务结束后,对无人机进行相应的设备检查工作。

(1) 检查无人机的外观是否有损坏或磨损,特别是螺旋桨和起落架等部位。

(2) 检查无人机的电池电量是否充足,是否需要充电。

(3) 检查无人机的遥控器是否正常,是否需要更换电池或更新固件。

(4) 检查无人机的存储卡是否已满,是否需要更换或备份数据。

(5) 检查无人机的飞行记录是否完整,是否需要重新设置或更新固件。

(6) 检查无人机机盖能否正常开启和闭合。

(7) 检查推杆能否正常运行。

8.2.4 常见故障及解决

1. 常见故障

(1) 电池电量不足:由于飞行时间过长或受到外界温度的影响,电池电量可能会不足,导致无人机飞行时间缩短,甚至因为电量不足而坠毁。

(2) 电机烧坏:电机运行时间过长或电流过大,可能会导致电机烧坏,从而使无人机无法正常飞行。

(3) 遥控器失灵:遥控器使用时间过长或受到外界电磁波的干扰,可能出现遥控器失灵,从而使无人机无法正常飞行。

(4) 无线信号中断:无人机由于受到外界干扰,可能出现无线信号中断,从而使无人机无法正常飞行。

(5) 图像模糊:摄像头或图像处理器出现质量问题。

2. 故障解决

(1) 电池电量不足:为无人机电池充电,并正确连接到无人机。

(2)遥控器失灵:检查遥控器电量是否充足,尝试重新对频,或者更新无人机固件。

(3)无线信号中断:检查无人机周围是否存在干扰源,尝试切换起飞点。

(4)图像模糊:检查摄像头是否被正确连接,或者更新无人机固件。

(5)无人机无法起飞:检查电池电量是否充足,并正确连接到无人机。

(6)飞行中断:检查传感器、导航系统是否正常运行,或者是否受到外界干扰。

(7)摄像头故障:检查摄像头是否被正确连接,或者更新无人机固件。

8.3 安防无人机的注意事项

遵守相关法律法规和标准是确保安防无人机安全飞行的关键。这些法律法规和标准包括无人机的注册、飞行限制、隐私保护、空域管理等方面的规定。遵守这些规定可以避免无人机与其他空域用户发生冲突,保护公众的安全和隐私,以及确保无人机的合法使用。

8.3.1 拍摄注意事项

安防无人机在执行证据收集任务时,拍摄到的图像和视频可以作为证据使用,如果拍摄的图像和视频不清晰或不稳定,可能会影响证据的有效性;安防无人机在执行监控和巡逻任务时,如果拍摄的图像和视频不清晰或不稳定,可能会影响监控效果,无法及时发现问题。同时,安防无人机在执行任务时需要注意保护他人的隐私,拍摄到的图像和视频需要经过处理和加密,以免泄露他人的隐私。所以,安防无人机在执行任务时需要注意拍摄问题,以确保拍摄的图像和视频清晰、稳定、安全、合法。

(1)拍摄角度:根据任务需求,选择合适的拍摄角度,以确保拍摄图像和视频的质量。

(2)拍摄参数:调整无人机的拍摄参数,如曝光时间、感光度(ISO)、白平衡等,以适应不同的拍摄环境。

(3)拍摄稳定性:保持无人机的稳定,避免在拍摄图像和视频中出现抖动。

① 观察画面:观察画面是否有明显的抖动或模糊,如果画面稳定,则说明无人机拍摄的图像和视频较为稳定。

② 对比拍摄设备:将无人机拍摄的图像和视频与其他拍摄设备(如相机、手机等)拍摄的图像和视频进行对比,如果无人机拍摄的图像和视频与其他设备拍摄的图像和视频相似,则说明无人机拍摄的图像和视频较为稳定。

③ 使用软件分析:使用专业的视频分析软件,对无人机拍摄的图像和视频进行分析,如果软件分析结果显示无人机拍摄的图像和视频较为稳定,则说明无人机拍摄的图像和视频较为稳定。

(4)拍摄范围:根据任务需求确定拍摄范围,并在拍摄前进行充分的场地勘查,以免拍摄过程中出现意外情况。

(5) 拍摄数据存储：拍摄的图像和视频数据需要及时存储，并采取相应的加密措施，以确保数据的安全性。

① 使用加密技术：对拍摄的图像和视频进行加密处理，以确保安全。

② 限制访问权限：对拍摄的图像和视频进行访问权限限制，只允许授权人员访问。

③ 定期更新密码：定期更新密码可以降低密码被破解或猜测的风险，确保只有授权人员可以访问数据。

④ 定期备份数据：定期备份数据可以防止数据丢失或损坏，确保在系统故障或数据被攻击时可以快速恢复数据。

(6) 拍摄安全：无人机拍摄时需要注意安全，避免拍摄过程中对周围人员和环境造成影响。

(7) 法律法规：无人机拍摄时，要遵守相关的法律法规，避免拍摄到敏感区域和禁止拍摄的内容。

8.3.2 维修安全注意事项

(1) 电源安全：在维修无人机时，应确保电源已经关闭，并且电池已经取出。如果需要更换电池，应使用相同型号和规格的电池，并按照正确的安装方法进行安装。

(2) 机械安全：在维修无人机时，应避免直接接触旋转部件，如螺旋桨和电机。如果需要拆卸或更换部件，应使用适当的工具，并遵循正确的操作步骤。

(3) 电子安全：在维修无人机时，应避免直接接触电子元件，如电路板和传感器。如果需要更换电子元件，应使用适当的工具，并遵循正确的操作步骤。

(4) 环境安全：在维修无人机时，应选择一个安全的环境，避免在危险的地方进行维修，如高压电线附近或易燃物附近。

(5) 人员安全：在维修无人机时，应确保维修人员具备相关的技能和知识，并遵循正确的操作步骤。如果不确定如何进行维修，应寻求专业人士的帮助。

8.3.3 避障安全注意事项

(1) 环境感知：确保无人机配备了适当的传感器，如视觉传感器、激光雷达或超声波传感器，以帮助检测和避开障碍物。

(2) 飞行规划：在飞行前，规划好飞行路径，避开可能的障碍物，如建筑物、树木、电线杆等。

(3) 视线范围：保持无人机在视线范围内飞行，以便及时发现和避开障碍物。

(4) 飞行高度：根据任务需求和环境条件，选择适当的飞行高度，避免与地面障碍物发生碰撞。

(5) 避障策略：设置合理的避障策略，如自动避障、手动避障或混合避障，根据实际情况进行选择。

(6) 紧急情况处理：在遇到无法避开的障碍物时，及时采取紧急措施，如暂停飞行、改变飞行方向或高度,以确保安全。

(7) 定期维护:定期维护和检查无人机的传感器和避障系统,确保其正常工作。

(8) 培训和经验:操作人员应接受充分的培训,了解无人机的避障功能和操作技巧,积累飞行经验。

8.3.4 飞行高度、飞行速度注意事项

1. 飞行高度

在执行安防任务时,无人机的飞行高度应符合当地法律法规,并根据任务需求和操作人员的视线范围进行合理调整。同时,操作人员应确保无人机的安全飞行,避免与其他飞行器或地面设施发生碰撞。

(1) 法律法规限制:大多数国家和地区都有关于无人机飞行的法律法规,其中包括飞行高度的限制。这些限制通常是为了确保无人机的安全飞行以及避免与其他飞行器或地面设施发生碰撞。在执行安防任务时,操作人员必须遵守当地的法律法规,包括飞行高度的限制。

(2) 视线范围:为了保证无人机的安全和有效操作,一般要求无人机在操作人员的视线范围内飞行。这意味着飞行高度通常受到操作人员视线范围的限制。

(3) 任务需求:根据具体的安防任务需求,飞行高度可能需要根据实际情况进行调整。例如,如果需要进行低空侦察或监控,飞行高度需调得较低;而如果需要进行大面积的监测或巡逻,飞行高度需调得较高。

2. 飞行速度

无人机飞行速度过快可能带来多种问题,包括控制难度增加、碰撞风险增加、视觉跟踪困难、电池寿命缩短、法律法规限制、传感器误差和结构强度问题等。在执行安防任务时,应根据任务需求和环境条件,合理控制无人机的飞行速度,以确保飞行安全和有效操作。

(1) 控制难度增加:高速飞行会使无人机的控制变得更加困难。操作人员需要具备更高的技能和反应能力来操纵无人机,以免无人机失控或发生碰撞。

(2) 碰撞风险增加:高速飞行的无人机更容易与其他物体发生碰撞。这可能导致无人机的损坏、坠落,甚至对周围环境和人员造成伤害。

(3) 视觉跟踪困难:如果无人机的飞行速度过快,操作人员可能难以准确跟踪和监控其位置和运动,这可能导致操作人员无法控制无人机或无法及时作出必要的操作。

(4) 电池寿命缩短:高速飞行会消耗更多的电池能量,从而缩短无人机的续航时间。这可能限制了无人机在任务中的持续作业时间和覆盖范围。

(5) 法律法规限制:许多国家和地区的法律法规都有关于无人机飞行速度的限制。违反这些规定可能会受到法律处罚。

(6) 传感器误差:高速飞行可能导致无人机上的传感器出现误差或延迟,这会影响到无人机的导航、避障和其他关键功能的准确性。

(7) 结构强度问题:高速飞行会对无人机的结构和材料造成更大的压力。如果无人机

设计或制造不当,高速飞行可能会导致结构损坏或故障。

课后练习

一、多选题

1. 以下哪些选项是安防无人机在执行任务时应注意的安全事项?(　　)
 A. 飞行前检查 B. 避免干扰
 C. 视线范围内飞行 D. 尊重他人隐私权
2. 影响安防无人机安全的因素包括哪些?(　　)
 A. 恶劣天气条件 B. 信号干扰
 C. 人为干扰 D. 电池寿命
3. 以下哪些措施可以提高安防无人机的数据安全性?(　　)
 A. 使用加密技术 B. 定期更新密码
 C. 限制数据访问权限 D. 定期备份数据

二、单选题

1. 安防无人机在飞行过程中,最重要的是要确保(　　)。
 A. 无人机的稳定性 B. 与其他空域用户的协调
 C. 操作人员的技能水平 D. 遵守相关法律法规和标准
2. 在操作安防无人机时,以下哪种行为是不安全的?(　　)
 A. 在飞行前检查无人机和遥控器的电量及信号
 B. 保持无人机在操作者的视线范围内飞行
 C. 在人口密集区域或敏感地点飞行
 D. 避免在恶劣天气条件下飞行
3. 无人机在执行安防任务时,最重要的安全因素是(　　)。
 A. 无人机的机械结构 B. 无人机的电池寿命
 C. 无人机与操作人员之间的通信 D. 无人机的飞行高度

附录

民用无人机运行管理的相关制度

MINYONG WURENJI YUNXING GUANLI DE XIANGGUAN ZHIDU

中华人民共和国空域管理条例

（征求意见稿）

目　　录

第一章　总则

第二章　空域管理机构职责

第三章　空域分级分类

第四章　空域划设与调整

　　第一节　空域划设

　　第二节　动态配置

第五章　空域使用

　　第一节　一般规定

　　第二节　申请与批复

　　第三节　释放

第六章　空域评估

第七章　空域保障

第八章　战时和平时特殊情况下的空域管理

第九章　监督检查

第十章　法律责任

第十一章　附则

第一章　总　　则

第一条　【立法目的】 为了加强和规范空域资源管理，维护国家安全、公共安全和航空安全，促进经济社会发展和国防军队建设，制定本条例。

第二条　【适用范围】 中华人民共和国领空内空域的分类、划设与调整、使用、评估、保障、监督检查等活动适用本条例。

第三条　【空域权属及概括性禁则】 空域是国家重要战略资源，属于国家所有。空域资源所有权由国家空中交通管理领导机构代表国家行使。

国家保障空域资源的合理开发利用，禁止任何单位或者个人侵占、破坏空域资源或者干扰空域管理活动。

第四条　【空域管理机构】 国家空中交通管理领导机构统一领导全国空域管理工作。各级空中交通管理机构按照职责分工负责有关空域管理工作。

县级以上地方人民政府及有关单位按照职责分工协助做好有关空域管理工作。

第五条　【空域管理原则】 空域管理应当坚持党中央集中统一领导，遵循集中统管、军民融合、管用分离、安全高效的基本原则。

第六条 【空域用户】 空域用户是指使用空域资源组织实施有关活动的单位和个人。空域用户依法享有使用空域的权利,并履行相关义务。

第七条 【环境保护】 各级空中交通管理机构、空域用户、空域环境相关单位应当采取有效措施,保护生态环境。

第八条 【奖励制度】 国家对保障空域使用安全,提高空域使用效率做出突出贡献的单位和个人给予表彰和奖励。

第二章 空域管理机构职责

第九条 【管理机构】 国家空中交通管理领导机构负责空域管理工作的顶层设计、统筹协调、整体推进、督促落实,研究制定空域管理宏观规划和重大政策,统一管理全国空域资源。

国家空中交通管理领导机构设办事机构,负责国家空中交通管理领导机构的日常事务工作。

地区空中交通管理组织协调机构组织协调本地区空域管理工作,负责国家空中交通管理领导机构交办的其他事项和本地区空域管理其他事项。

地区空中交通管理组织协调机构设办事机构,负责地区空中交通管理组织协调机构的日常事务工作。

国家分级设立空中交通管理联合运行机构,负责本责任区空域管理有关事项。未设立空中交通管理联合运行机构的,有关空中交通管理机构按照职责分工负责相应空域管理事项。

第十条 【空域管理行为改变或撤销】 上级空域管理机构有权对下级空域管理机构违法的或者不适当的空域管理行为予以改变或者撤销。

第三章 空域分级分类

第十一条 【空域分级分类制度】 国家建立空域分级分类管理制度。

第十二条 【空域等级】 综合考虑飞行规则、空域环境、航空器性能、空中交通服务等因素,空域分为管制空域(A、B、C、D、E类)和非管制空域(G、W类)。

A类空域通常为标准气压高度6000米(含)以上至标准气压高度20000米(含)的空间。

B类空域通常划设在民用运输机场上空。

C类空域通常划设在建有塔台的民用通用机场上空。

G类空域通常为B、C类空域以外真高300米以下空域(W类空域除外),以及平均海平面高度低于6000米、对军事飞行和民航公共运输飞行无影响的空域。

W类空域通常为G类空域内真高120米以下部分空域。

D类或者E类空域是除A、B、C、G、W类空域外的空间,可以根据运行和安全需求选择划设。其中,标准气压高度20000米以上统一划设为D类空域。

空域分类具体方法和准入条件由国家空中交通管理领导机构的办事机构制定发布。

第十三条 【空域范围确定及公布】 B、C、D、E、G 类空域范围由地区空中交通管理组织协调机构提出建议方案,报国家空中交通管理领导机构或其授权的机构批准。

各类空域范围应当依法向社会公布。

第十四条 【空域类型】 综合考虑空域限制类型、使用用途等因素,空域分为空中禁区、空中限制区、空中危险区、空中保留区、航路航线、进出境点、等待空域、空中放油区、试飞空域、训练空域、防空识别区、临时空域等。

第十五条 【空域等级、类型转换】 在确保空域安全和秩序的前提下,为提高空域使用效能,部分空域的等级、类型以及相应管理机构可以相互转换。

实行空域等级、类型转换的名录、实施步骤、具体范围和有关要求,由国家空中交通管理领导机构的办事机构制定公布。

第四章 空域划设与调整

第一节 空域划设

第十六条 【空域划设的总体要求】 国家空中交通管理领导机构的办事机构应当会同有关部门,全面落实空中交通管理发展战略和规划,以实现空域资源科学配置、高效利用、安全运行为目标,分类划设空域,持续优化空域结构。

第十七条 【空域划设的基本因素】 空域划设应当考虑下列基本因素:

(一)安全保障要求;

(二)空中交通流量分布情况;

(三)不同性质飞行活动对空域和空中交通服务的不同需求;

(四)空域环境的影响,包括地形、地貌、机场以及其他限制因素;

(五)空中交通服务、通信、导航、监视、航空气象和航空信息资料等保障能力;

(六)空域用户对空域的其他需求。

第十八条 【空中禁区】 国家重要的政治、经济、军事等核心要害目标上空,可以划设空中禁区。未经批准,任何航空器不得飞入空中禁区。

空中禁区的划设,由有关单位提出建议方案,国家空中交通管理领导机构的办事机构承办,按照有关规定报批。

第十九条 【空中限制区】 重要目标、武器试验场、靶场、残骸坠落区、重大活动现场等上空,可以划设空中限制区。在规定时限内,未经相应空中交通管理机构许可的航空器,不得飞入空中限制区。

空中限制区的划设,由有关单位提出建议方案,国家空中交通管理领导机构的办事机构承办,报国家空中交通管理领导机构批准。

第二十条 【空中危险区】 对空射击(发射)场(平台)、军事活动空域、残骸坠落区等上空,可以划设空中危险区。在规定时限内,空中危险区对非特定飞行活动存在危险,不限制非特定航空器进入,但进入后由飞行员(无人驾驶航空器操控员)自行承担风险。

空中危险区的划设,由有关单位提出建议方案,国家空中交通管理领导机构的办事机构承办,报国家空中交通管理领导机构批准。

第二十一条 【空中保留区】 军事、海关、警察等非民用航空用户不能与民用航空执行相同空中交通管制服务标准,需采取相对隔离飞行时,在一定时间范围内可以按照空域保留机制划设空中保留区。

空中保留区的划设,按照有关规定执行。

第二十二条 【航路航线、进出境点】 航路航线,按对外开放性质分为国际航路航线、国内航路航线,按使用时限分为固定航路航线、临时航路航线。

航路航线、进出境点的划设,由有关单位提出建议方案,国家空中交通管理领导机构的办事机构承办,报国家空中交通管理领导机构或其授权的机构批准。

第二十三条 【等待空域、空中放油区、试飞空域、训练空域】 等待空域、空中放油区、试飞空域、训练空域的划设,由有关单位提出建议方案,报地区空中交通管理组织协调机构或其授权的机构批准。

上述空域涉及相邻飞行管制区的,由相邻地区空中交通管理组织协调机构协商后批准;涉及不相邻飞行管制区的,报国家空中交通管理领导机构的办事机构批准。

第二十四条 【防空识别区】 防空识别区的划设,按照有关规定执行。

第二十五条 【临时空域】 空域管理和飞行任务需要的,可以划设临时空域。

临时空中禁区的划设,由有关单位提出建议方案,国家空中交通管理领导机构的办事机构承办,报国家空中交通管理领导机构批准。

临时空中限制区、临时空中危险区的划设,由有关单位提出建议方案,报国家空中交通管理领导机构的办事机构批准。

其他临时空域的划设,由有关单位提出建议方案,报地区空中交通管理组织协调机构的办事机构或其授权的机构批准。

临时空域的划设期限通常不超过12个月。

第二十六条 【空域调整程序】 经批准划设的空域需要调整的,按照原批准程序办理。

第二十七条 【空域划设、使用规定】 国家空中交通管理领导机构的办事机构会同有关部门,组织制定空域划设规范、使用规定并向社会公布。

第二十八条 【对外公布】 对外公布空域相关信息,应当按照有关规定办理。

第二节 动态配置

第二十九条 【动态配置原则】 国家建立空域动态配置、灵活使用制度,通过调整部分空域等级、类型和空域管理主体(空中交通服务主体),优先满足国家安全需求,尽可能减少空域限制,确保空域资源有效管理和充分利用。

第三十条 【动态配置机构及权限】 国家空中交通管理领导机构的办事机构应当定期组织审查全国空域结构,发布可供动态配置的空域类型及范围。

国家空中交通管理联合运行机构负责在规定范围内组织实施空域动态配置,监控掌握全国空域使用情况。

地区级、分区级空中交通管理机构负责组织实施本责任区规定范围内空域动态配置,监控掌握本责任区空域使用情况。

第三十一条 【动态配置流程】 实施空域动态配置总体按照以下阶段组织：

（一）空域使用前7日，收集空域使用需求，进行统筹评估，制定空域预先供给方案；

（二）空域使用前1日，制定空域供给计划，向有关空中交通管理机构和空域用户及时发布；

（三）空域使用当日，综合考虑天气状况、空域用户任务变更等因素，实施临机调配，必要时，发布空域供给动态调整通告。

各阶段具体时间要求由国家空中交通管理机构的办事机构另行规定。

第三十二条 【动态配置机制】 国家空中交通管理联合运行机构按照规定实施空域预定、激活、停用、短期取消、保留和重新分配等工作机制，健全空域供给通告制度，提高空域动态配置水平。

国家空中交通管理联合运行机构应当采取先进的信息技术和手段提升空域动态配置效率。各级空中交通管理机构在建设相关空域管理信息管理系统时，应当确保数据实时传输或交换。

第五章 空域使用

第一节 一般规定

第三十三条 【空域用户权利】 空域用户享有下列权利：

（一）获得空中交通管理机构提供的空中交通、通信、导航、监视、航空气象、航空信息资料等服务；

（二）提出空域使用申请并获得有关空中交通管理机构的答复；

（三）提出空域结构优化的建议；

（四）提出制定、修改和完善空域使用规定的建议。

第三十四条 【空域用户义务】 空域用户履行下列义务：

（一）按照有关要求获得相关资质；

（二）按照规定要求提交空域使用申请；

（三）按照空中交通管理机构批复内容及要求使用空域；

（四）及时向有关空中交通管理机构通报空域使用情况；

（五）按照有关规定缴纳有关空域使用保障费用。

第二节 申请与批复

第三十五条 【空域使用制度及批准机构】 根据空域等级和空域类型，空域使用实行审批制度或者报备制度。

第三十六条 【空域使用申请】 下列情况空域用户应当向有关空中交通管理机构或者承担相应职责的单位提出空域使用申请：

（一）使用A、B、C类空域；

（二）使用本条例第十四条规定的空域类型。

第三十七条 【空域使用报备】 使用不涉及本条例第十四条规定的空域类型的D、E、G、W类空域,空域用户应当向有关空中交通管理机构或者承担相应职责的单位报备。

第三十八条 【空域使用申请或者报备程序】 空域使用申请或者报备,通常纳入飞行计划申请或者报备,飞行计划申请或者报备按照有关规定执行。

第三十九条 【空域使用申请的类别与方式】 空域使用申请可以采用电报、电话、传真、电子数据信息交换、信函等方式。

国家鼓励使用电子数据信息交换方式提交空域使用申请,电子数据信息交换规范由国家空中交通管理领导机构的办事机构制定。

第四十条 【涉外航空器空域使用】 外国航空器和外国飞行人员使用空域,由国家空中交通管理领导机构另行规定。

第四十一条 【更改空域使用申请】 空域用户更改空域使用申请内容,应当按照原空域使用申请的程序办理。

第四十二条 【空域使用实施】 空域使用必须按照批复的内容或者空域使用计划实施。

第四十三条 【空域使用申请的禁止和限制】 各级空中交通管理机构可以依法禁止、限制空域的使用,或者宣布空域使用申请无效。

第三节 释　　放

第四十四条 【空域释放】 空域使用完毕,空域用户应当及时向有关空中交通管理机构报告,有关空中交通管理机构收到报告后应当立即释放相应空域。

第四十五条 【空域强制释放】 有关空中交通管理机构发现空域使用完毕未及时报告或者未按照批准时限实施的,可以在采取适当方式告知后强制释放空域。

第六章　空　域　评　估

第四十六条 【空域管理与评估】 空域管理应当依照国家规定的标准、程序和方法,进行科学、客观的评估。

第四十七条 【空域评估管理】 国家空中交通管理领导机构的办事机构负责管理全国空域评估工作,地区空中交通管理组织协调机构根据授权管理地区内空域评估工作。

国家空中交通管理联合运行机构、地区级空中交通管理机构在国家空中交通管理领导机构的办事机构指导监督下,组织实施空域评估。

各级空中交通管理机构在各自职责范围内实施有关空域评估。

第四十八条 【空域评估的分类】 空域评估通常包括空域划设评估、空域运行状态评估和空域使用效益评估。

(一)空域划设评估主要对空域资源现状与使用需求、空域要素静态布局配置方案的可行性进行评估,评估内容包括空域保障能力、空域使用需求、空域划设方案、空域运行安全等。

(二)空域运行状态评估主要对空域日常运行及灵活使用进行实时评估,评估内容包括空域运行状态、空域运行机制落实等。

(三)空域使用效益评估主要对空域资源使用效率、利用率、运行安全、环境保护等内容进行评估。

第四十九条 【空域评估方法与工具】 空域评估通常采用基于历史统计数据分析、基于教学计算模型、基于计算机仿真模型等评估方法。

国家支持空域评估科学技术研究,鼓励推广自主可控的空域评估技术和工具。

第五十条 【空域评估工作机制】 国家空中交通管理领导机构的办事机构组织建立空域评估机制,规范空域评估流程,健全空域评估标准,制定空域评估实施规定。

第五十一条 【空域评估结果运用】 空域评估结果是空域规划设计、运行管理、使用监督和保障设施建设的重要依据。重大空域评估结果按规定程序报请国家空中交通管理领导机构同意后公布。

第七章 空域保障

第五十二条 【保障设施】 国家空中交通管理领导机构根据各类空域使用需求,统筹推进通信、导航、监视、航空气象、航空信息资料等设施设备建设,形成标准统一、网络互通、资源共享的保障体系。

各级空中交通管理机构、地方人民政府应当按照职责分工组织建设。

第五十三条 【信息系统】 国家加强空域管理信息化建设,健全空域数据共享共用机制,监控掌握全国空域态势和空域使用情况,并与空中交通管理有关保障系统相连接,及时将空域态势和空域使用情况推送有关空中交通管理机构和空域用户。

第五十四条 【数据管理】 空域数据按照使用性质分为空域结构数据、空域环境数据和空域运行数据。空域数据管理包括空域数据采集汇聚、共享开放、开发应用、安全保障等活动。

国家空中交通管理领导机构的办事机构应当加强对空域数据管理工作的领导,国家空中交通管理联合运行机构组织实施空域数据管理。各级空中交通管理机构按照各自职责,做好空域数据管理相关工作。

空域管理机构、空域用户应当按相关要求提供空域数据,不得拒报、迟报,不得提供不真实、不完整的数据。

空域环境相关单位应当与相应空中交通管理机构建立联络机制,及时准确提供可能影响空域使用的空域环境数据。

第五十五条 【机场环境及气球管理】 根据国家有关保护机场净空的规定,禁止在机场附近修建影响飞行安全的射击靶场、建筑物、构筑物、架空线路等障碍物体。

在机场及其按照国家规定划定的净空保护区以外,对可能影响飞行安全的高大建筑物或者设施,测风塔、高压线、风力发电站等,应当按照国家有关规定设置飞行障碍灯和标志、反光板等,并使其保持正常状态。

升放无人驾驶航空自由气球或者可能影响飞行安全的系留气球,按照有关规定执行。

在机场附近设置、使用可能影响机场、航路航线飞行安全的大功率广播电台(站),应当遵守国家有关规定和标准。

第五十六条 【机场建设的空域评估】 新建(改扩建)机场、靶场、射击场等可能影响空域环境或者空域结构时,有关单位应当进行空域划设评估。有关主管机关应当在正式批准之前征得有关空中交通管理机构同意。

第五十七条 【航路环境】 在距离航路边界 30 公里以内的地带,禁止修建影响飞行安全的射击靶场和其他设施。

不符合前款规定的,通常由有关单位拆除相关射击靶场或者其他设施;如有特殊情况,由有关单位向相关空中交通管理机构提出调整航路结构建议。

在上述规定地带以外修建固定或者临时靶场,应当按照国家有关规定获得批准。靶场射击或者发射的方向、航空器进入目标的方向不得与航路交叉。

第五十八条 【对空射击管理】 设立临时性靶场和射击点,有关主管机关应当在正式批准之前征得所在地区空中交通管理组织协调机构同意。

固定或者临时性的对空射击场、发射场、炮兵射击靶场、射击点的管理单位,应当负责与有关空中交通管理机构建立有效的通信联络,并制定协同通报制度;在射击或者发射时,应当采取有效措施,确保飞行安全。

第八章 战时和平时特殊情况下的空域管理

第五十九条 【定义】 平时特殊情况,是指发生危及国家主权、统一、领土完整和安全的武装冲突以及其他突发事件。

第六十条 【权利与义务】 在战时和平时特殊情况下,根据需要,国家依法对全国空域进行统一管控和调配使用。

空域管理机构按照平战结合的原则,做好平时空域管理和战时、平时特殊情况下空域管控工作。

第六十一条 【管理规定】 战时和平时特殊情况下的空域管控规定、空域管理平战转换规定,由国家空中交通管理领导机构的办事机构会同有关部门制定。

第九章 监督检查

第六十二条 【监督检查机构和职能】 国家空中交通管理领导机构的办事机构组织实施全国空域管理监督检查;地区空中交通管理组织协调机构组织实施本地区内空域管理监督检查;各级空中交通管理机构依据有关法律法规履行监督检查职责。

前款所列机构统称为空域管理监督检查机构。

第六十三条 【监督检查内容】 空域管理监督检查机构对下列事项进行监督检查:

(一)国家有关空域管理法律法规、规范性文件的实施情况;

(二)空域划设制度落实情况;

(三)空域动态管理及灵活使用情况;

(四)空域环境保护情况;

(五)其他需要监督检查事项。

第六十四条 【监督检查措施】 空域管理监督检查机构履行监督检查职责时,有权采取下列措施:

(一)要求被检查的单位或者个人提供有关空域使用的文件和资料,进行查阅或者予以复制;

(二)要求被检查的单位或者个人就有关空域使用的问题作出说明;

(三)按规定进入有关单位进行现场检查;

(四)责令非法使用空域的单位或者个人立即停止违反空域管理有关法律、法规的行为。

第六十五条 【监督检查配合】 被检查的单位和个人对负有空域管理监督检查职责的部门的监督检查人员依法履行监督检查职责,应当予以配合,不得拒绝、阻挠。

第六十六条 【违规举报】 任何单位或者个人发现违反本条例规定行为的,可以向空域管理监督检查机构举报;空域管理监督检查机构收到举报后依法做出处理。不属于空域管理监督检查机构职责的,应当及时移送相关部门进行处理。

第六十七条 【信用监管】 空域管理监督检查机构应当会同有关部门建立信用监管、动态巡查等机制,加强对空域管理和空域使用情况监管,对重大失信行为依法实施惩戒,依法公开相关信息。

第六十八条 【对空中交通管理机构的监督管理】 空中交通管理机构违反本条例规定,国家空中交通管理领导机构的办事机构或者地区空中交通管理组织协调机构及其办事机构,可以向其下达整改意见书,约谈其有关负责人,并视情依法向监察、任免等机关提出责任追究建议。

相关空中交通管理机构收到整改意见书的,应当认真组织整改,并在约定时限内报告整改落实情况。

第十章 法律责任

第六十九条 【对空域用户的处理】 空域用户违反本条例规定,由有关空中交通管理机构责令改正;情节严重的,取消其在一定期限内空域使用申请,并由有关部门处 2 万元以上 10 万元以下罚款或者采取相应处罚措施。

第七十条 【对空域环境相关单位的处理】 空域环境相关单位违反本条例规定,由有关空中交通管理机构责令改正;拒不改正的,依法向监察、任免等机关提出责任追究建议。

第七十一条 【对空域保障部门及人员的处理】 空域保障部门及其人员未按本条例规定履行职责的,有关空中交通管理机构视情节轻重给予通报批评;情节严重的,由有关部门对直接负责的主管人员或者其他责任人员依法给予处分。

第七十二条 【监督检查机构及人员违规处理】 空域管理监督检查机构及监督检查人员违反本条例规定,滥用职权、徇私舞弊、玩忽职守的,泄露监督检查过程中所知悉的国家秘密、军事秘密的,或者违反廉政规定的,对负有责任的领导人员和直接责任人员依法依规处理;构成犯罪的,依法追究刑事责任。

第七十三条 【治安管理处罚、刑事处罚和民事责任】 违反本条例规定,构成违反治安管理行为的,由公安机关依法给予治安管理处罚;构成犯罪的,依法追究刑事责任;造成人身、财产或者其他损害的,依法承担民事责任。

第七十四条 【对外国国家、组织或者个人的制裁】 外国国家、组织或者个人,实施、协助、支持侵占、破坏空域资源或者干扰空域管理活动的行为,发生在我境内的,按照本条例有关规定予以处罚;发生在我提供服务的毗连区、专属经济区、公海上空和其他空域的,参照国家有关规定予以制裁。

第十一章 附 则

第七十五条 【适用的特殊规定】 根据我国缔结或者参加的国际条约的规定,由中华人民共和国提供空中交通服务的毗连区、专属经济区、公海上空和其他空域的管理活动,参照本条例的有关规定执行。

中华人民共和国缔结或者参加的国际条约同本条例有不同规定的,适用国际条约的规定,但中华人民共和国声明保留的条款除外。

第七十六条 【名词解释】

空中交通管理机构,是指对空域用户使用空域资源具有管理职能的机关或者单位。

空域环境相关单位,是指从事影响空域资源使用相关活动的机关或者单位。

空域保障部门,是指提供通信、导航、监视、航空气象、航空信息资料等服务的部门或者单位。

空域结构数据,是指导航设施、飞行情报区和管制区、管制地带、航路航线、仪表飞行程序、特殊使用空域等静态数据。

空域环境数据,是指地形、地貌、机场、可能影响飞行安全的障碍物体、通信导航监视覆盖范围、电磁环境、电力设施、水文、气象等数据。

空域运行数据,是指各类空域使用方面的数据,包括该空域范围内的飞行航迹、飞行容量、飞行流量、使用情况等动态数据。

第七十七条 【生效时间】 本条例自 年 月 日起施行。

民用无人机驾驶员管理规定[①]

1 目的

近年来随着技术进步,民用无人驾驶航空器(以下简称无人机)的生产和应用在国内外得到了蓬勃发展,其驾驶员(业界也称操控员、操作手、飞手等,在本咨询通告中统称为驾驶员)数量持续快速增加。面对这样的情况,局方有必要在不妨碍民用无人机多元发展的前提

---

①限于篇幅,本规定的附件未编入。

下,加强对民用无人机驾驶员的规范管理,促进民用无人机产业的健康发展。

由于民用无人机在全球范围内发展迅速,国际民航组织已经开始为无人机系统制定标准和建议措施(SARPs)、空中航行服务程序(PANS)和指导材料。这些标准和建议措施已日趋成熟,因此多个国家发布了管理规定。

无论驾驶员是否位于航空器的内部或外部,无人机系统和驾驶员必须符合民航法规在相应章节中的要求。由于无人机系统中没有机载驾驶员,原有法规有关驾驶员部分章节已不能适用,本文件对相关内容进行说明。

本咨询通告针对目前出现的无人机系统的驾驶员实施指导性管理,并将根据行业发展情况随时修订,最终目的是按照国际民航组织的标准建立我国完善的民用无人机驾驶员监管体系。

2 适用范围

本咨询通告用于民用无人机系统驾驶人员的资质管理。其涵盖范围包括:

(1) 无机载驾驶人员的无人机系统。

(2) 有机载驾驶人员的航空器,但该航空器可同时由外部的无人机驾驶员实施完全飞行控制。

分布式操作的无人机系统或者集群,其操作者个人无需取得无人机驾驶员执照,具体管理办法另行规定。

3 定义

本咨询通告使用的术语定义:

(1) 无人机(UA:unmanned aircraft),是由控制站管理(包括远程操纵或自主飞行)的航空器。

(2) 无人机系统(UAS:unmanned aircraft system),是指无人机以及与其相关的遥控站(台)、任务载荷和控制链路等组成的系统。

(3) 无人机系统驾驶员,对无人机的运行负有必不可少职责并在飞行期间适时操纵无人机的人。

(4) 等级,是指填在执照上或与执照有关并成为执照一部分的授权,说明关于此种执照的特殊条件、权利或限制。

(5) 类别等级,指根据无人机产生气动力及不同运动状态依靠的不同部件或方式,将无人机进行划分并成为执照一部分的授权,说明关于此种执照的特殊条件、权利或限制。

(6) 固定翼,指动力驱动的重于空气的一种无人机,其飞行升力主要由给定飞行条件下保持不变的翼面产生。在本规定中作为类别等级中的一种。

(7) 直升机,是指一种重于空气的无人机,其飞行升力主要由在垂直轴上一个或多个动力驱动的旋翼产生,其运动状态改变的操纵一般通过改变旋翼桨叶角来实现。在本规定中作为类别等级中的一种。

(8) 多旋翼,是指一种重于空气的无人机,其飞行升力主要由三个及以上动力驱动的旋翼产生,其运动状态改变的操纵一般通过改变旋翼转速来实现。在本规定中作为类别等级中的一种。

(9) 垂直起降固定翼,是指一种重于空气的无人机,垂直起降时由与直升机、多旋翼类似起降方式或直接推力等方式实现,水平飞行由固定翼飞行方式实现,且垂直起降与水平飞行方式可在空中自由转换。在本规定中作为类别等级中的一种。

(10) 自转旋翼机,是指一种旋翼机,其旋翼仅在起动或跃升时有动力驱动,在空中平飞时靠空气的作用力推动自由旋转。这种旋翼机的推进方式通常是使用独立于旋翼系统的推进式动力装置。在本规定中作为类别等级中的一种。

(11) 飞艇,是指一种由动力驱动能够操纵的轻于空气的航空器。在本规定中作为类别等级中的一种。

(12) 视距内(VLOS:visual line of sight)运行,无人机在驾驶员或观测员与无人机保持直接目视视觉接触的范围内运行,且该范围为目视视距内半径不大于500米,人、机相对高度不大于120米。在本规定中作为驾驶员等级中的一种。

(13) 超视距(BVLOS:beyond VLOS)运行,无人机在目视视距以外的运行。在本规定中作为驾驶员等级中的一种。

(14) 扩展视距(EVLOS:extended VLOS)运行,无人机在目视视距以外运行,但驾驶员或者观测员借助视觉延展装置操作无人机,属于超视距运行的一种。

(15) 授权教员,是指持有按本规定颁发的具有教员等级的无人机驾驶员执照,并依据其教员等级上规定的权利和限制执行教学的人员。

(16) 无人机系统的机长,是指由运营人指派在系统运行时间内负责整个无人机系统运行和安全的驾驶员。

(17) 无人机观测员,由运营人指定的训练有素的人员,通过目视观测无人机,协助无人机驾驶员安全实施飞行,通常由运营人管理,无证照要求。

(18) 运营人,是指从事或拟从事航空器运营的个人、组织或企业。

(19) 控制站(也称遥控站、地面站),无人机系统的组成部分,包括用于操纵无人机的设备。

(20) 指令与控制数据链路(C2:command and control data link),是指无人机和控制站之间为飞行管理之目的的数据链接。

(21) 感知与避让,是指看见、察觉或发现交通冲突或其他危险并采取适当行动的能力。

(22) 无人机感知与避让系统,是指无人机机载安装的一种设备,用以确保无人机与其他航空器保持一定的安全飞行间隔,相当于载人航空器的防撞系统。在融合空域中运行的Ⅺ、Ⅻ类无人机应安装此种系统。

(23) 融合空域,是指有其他有人驾驶航空器同时运行的空域。

(24) 隔离空域,是指专门分配给无人机系统运行的空域,通过限制其他航空器的进入以规避碰撞风险。

(25) 人口稠密区,是指城镇、乡村、繁忙道路或大型露天集会场所等区域。

(26) 空机重量,是指不包含载荷和燃料的无人机重量,该重量包含燃料容器和电池等固体装置。

(27) 飞行经历时间,是指为符合民用无人机驾驶员的训练和飞行时间要求,操纵无人机或在模拟机上所获得的飞行时间,这些时间应当是作为操纵无人机系统必需成员的时间,或从授权教员处接受训练或作为授权教员提供教学的时间。

(28) 飞行经历记录本,是指记录飞行经历时间和相关信息的证明材料,包括纸质飞行经历记录本和由无人机云交换系统支持的电子飞行经历记录本。

(29) 训练记录,是指为获取执照或等级而接受相关训练的证明材料,包括纸质训练记录和由无人机云交换系统支持的电子化训练记录。

(30) 理论考试,是指航空知识理论方面的考试,该考试是颁发民用无人机驾驶员执照或等级所要求的,可以通过笔试或者计算机考试来实施。

(31) 实践考试,是指为取得民用无人机驾驶员执照或者等级进行的操作方面的考试(包括实践飞行、综合问答、地面站操作),该考试通过申请人在飞行中演示操作动作及回答问题的方式进行。

(32) 申请人,是指申请无人机驾驶员执照或等级的自然人。

(33) 无人机云系统(简称无人机云),是指轻小民用无人机运行动态数据库系统,用于向无人机用户提供航行服务、气象服务等,对民用无人机运行数据(包括运营信息、位置、高度和速度等)进行实时监测。

(34) 无人机云交换系统(无人机云数据交换平台),是指由民航局运行,能为多个无人机云系统提供实时数据交换和共享的实时动态数据库系统。

(35) 分布式操作,是指把无人机系统操作分解为多个子业务,部署在多个站点或者终端进行协同操作的模式,不要求个人具备对无人机系统的完全操作能力。

4 执照和等级要求

无人机系统分类较多,所适用空域远比有人驾驶航空器广阔,因此有必要对无人机系统驾驶员实施分类管理。

(1) 下列情况下,无人机系统驾驶员自行负责,无须执照管理:

A. 在室内运行的无人机。

B. Ⅰ、Ⅱ类无人机(分类等级见第 6 条 C 款。如运行需要,驾驶员可在无人机云交换系统进行备案。备案内容应包括驾驶员真实身份信息、所使用的无人机型号,并通过在线法规测试)。

C. 在人烟稀少、空旷的非人口稠密区进行试验的无人机。

(2) 在隔离空域和融合空域运行的除Ⅰ、Ⅱ类以外的无人机,其驾驶员执照由局方实施管理。

A. 操纵视距内运行无人机的驾驶员,应当持有按本规定颁发的具备相应类别、分类等级的视距内等级驾驶员执照,并且在行使相应权利时随身携带该执照。

B. 操纵超视距运行无人机的驾驶员,应当持有按本规定颁发的具备相应类别、分类等级的有效超视距等级的驾驶员执照,并且在行使相应权利时随身携带该执照。

C. 教员等级。

1) 按本规则颁发的相应类别、分类等级的具备教员等级的驾驶员执照持有人,行使教员权利应当随身携带该执照。

2) 未具备教员等级的驾驶员执照持有人不得从事下列活动:

ⅰ) 向准备获取单飞资格的人员提供训练。

ⅱ) 签字推荐申请人获取驾驶员执照或增加等级所必需的实践考试。

ⅲ) 签字推荐申请人参加理论考试或实践考试未通过后的补考。

ⅳ) 签署申请人的飞行经历记录本。

ⅴ) 在飞行经历记录本上签字,授予申请人单飞权利。

D. 植保类无人机分类等级。

担任操纵植保无人机系统并负责无人机系统运行和安全的驾驶员,应当持有按本规定颁发的具备Ⅴ分类等级的驾驶员执照,或经农业农村部等部门规定的由符合资质要求的植保无人机生产企业自主负责的植保无人机操作人员培训考核。

(3) 自 2018 年 9 月 1 日起,民航局授权行业协会颁发的现行有效的无人机驾驶员合格证自动转换为民航局颁发的无人机驾驶员电子执照,原合格证所载明的权利一并转移至该电子执照。原Ⅶ分类等级(超视距运行的Ⅰ、Ⅱ类无人机)合格证载明的权利转移至Ⅲ分类等级电子执照。

5　无人机系统驾驶员管理

5.1　执照和等级分类

对于完成训练并考试合格,符合本规定颁发民用无人机驾驶员执照和等级条件的人员,在其驾驶员执照上签注如下信息:

A. 驾驶员等级:

1) 视距内等级

2) 超视距等级

3) 教员等级

B. 类别等级:

1) 固定翼

2) 直升机

3) 多旋翼

4) 垂直起降固定翼

5) 自转旋翼机

6) 飞艇

7) 其他

C. 分类等级:

分类等级	空机重量（千克）	起飞全重（千克）
Ⅰ	0＜W≤0.25	
Ⅱ	0.25＜W≤4	1.5＜W≤7
Ⅲ	4＜W≤15	7＜W≤25
Ⅳ	15＜W≤116	25＜W≤150
Ⅴ	植保类无人机	
Ⅺ	116＜W≤5700	150＜W≤5700
Ⅻ	W＞5700	

D. 型别和职位（仅适用于Ⅺ、Ⅻ分类等级）

1) 无人机型别。

2) 职位，包括机长、副驾驶。

注1：实际运行中，Ⅲ、Ⅳ、Ⅺ类分类有交叉时，按照较高要求的一类分类。

注2：对于串、并列运行或者编队运行的无人机，按照总重量分类。

注3：地方政府（例如当地公安部门）对于Ⅰ、Ⅱ类无人机重量界限低于本表规定的，以地方政府的具体要求为准。

5.2 颁发无人机驾驶员执照与等级的条件

局方应为符合相应资格、航空知识、飞行技能和飞行经历要求的申请人颁发无人机驾驶员执照与等级。具体要求为《颁发无人机驾驶员执照与等级的条件》（附件1）。

5.3 执照有效期及其更新

A. 按本规定颁发的驾驶员执照有效期限为两年，且仅当执照持有人满足本规定和有关中国民用航空运行规章的相应训练与检查要求并符合飞行安全记录要求时，方可行使其执照所赋予的相应权利。

B. 执照持有人应在执照有效期期满前三个月内向局方申请重新颁发执照。对于申请人：

1) 应出示在执照有效期满前24个日历月内，无人机云交换系统电子经历记录本上记录的100小时飞行经历时间证明。

2) 如不满足上述飞行经历时间要求，应通过执照中任一最高驾驶员等级对应的实践考试。

C. 执照在有效期内因等级或备注发生变化重新颁发时，则执照有效期与最高的驾驶员等级有效期保持一致。

D. 执照过期的申请人须重新通过不同等级相应的理论及实践考试，方可申请重新颁发执照及相关等级。

5.4 教员等级更新

A. 教员等级在其颁发月份之后第24个日历月结束时期满。

B. 飞行教员可以在其教员等级期满前申请更新，但应当符合下列条件之一：

1) 通过了以下相应教员等级的实践考试：

ⅰ) 对应Ⅲ、Ⅳ分类等级的教员等级的执照持有人，如果通过了任何一个Ⅲ、Ⅳ分类等级的教员等级的实践考试，则其所持有的有效的Ⅲ、Ⅳ分类等级的教员等级均视为更新。

ⅱ) 对应Ⅺ、Ⅻ分类等级的教员等级的执照持有人，如果通过了Ⅺ、Ⅻ分类等级的教员等级中任何一项的实践考试，则其教员的所有等级均视为更新，其相应Ⅺ、Ⅻ分类等级熟练检查不在有效期内的除外。

2) 飞行教员在其教员等级期满前90天内通过相应教员等级的更新检查：

ⅰ) 对应Ⅲ、Ⅳ分类等级的教员等级的执照持有人，如果通过了Ⅺ、Ⅻ的教员等级的更新检查，则其所持有的有效的Ⅲ、Ⅳ分类等级的教员等级均视为更新。

ⅱ) 对应Ⅺ、Ⅻ分类等级的教员等级的执照持有人，如果通过了Ⅺ、Ⅻ分类等级的教员等级中任何一项的实践考试实践飞行科目，则其教员的所有等级均视为更新，其相应Ⅺ、Ⅻ分类等级熟练检查不在有效期内的除外。

3) 按本条B.1)进行更新的，教员等级有效期自实践考试之日起计算。

5.5 教员等级过期后的重新办理

A. 飞行教员在其教员等级过期后，应当重新通过实践考试后，局方可恢复其教员等级。

B. 当飞行教员的驾驶员执照上与教员等级相对应的等级失效时，其教员等级权利自动丧失，除非该驾驶员按本规定恢复其驾驶员执照上所有相应的等级，其中教员等级的恢复需按本规定关于颁发飞行教员等级的要求通过理论考试和实践考试。

5.6 熟练检查

对于Ⅺ、Ⅻ分类等级驾驶员应对该分类等级下的每个签注的无人机类别、型别（如适用）等级接受熟练检查，该检查每12个月进行一次。检查由局方指定的人员实施。

5.7 增加等级

A. 在驾驶员执照上增加等级，申请人应当符合本条B款至G款的相应条件。

B. 超视距等级可以行使相同类别及分类等级的视距内等级执照持有人的所有权利。在驾驶员执照上增加超视距等级，而类别和分类等级不变的，申请人应当符合下列规定：

1) 完成了相应执照类别和分类等级要求的超视距等级训练，符合本规定附件1关于超视距等级的飞行经历要求。

2) 由授权教员在申请人的飞行经历记录本或者训练记录上签字，证明其在相应的超视距等级的航空知识方面是合格的。

3) 由授权教员在申请人的飞行经历记录本或者训练记录上签字，证明其在相应的超视距等级的飞行技能方面是合格的。

4) 通过了相应的超视距等级要求的理论考试。

5) 通过了相应的超视距等级要求的实践考试。

C. 在驾驶员执照上增加超视距等级的同时增加类别或分类等级的，申请人应当符合下列规定：

1) 满足本条B款的相关飞行经历和训练要求。

2)满足本条 E 款或 F 款相应类别或分类等级的飞行经历和训练要求。

3)通过了相应的超视距等级要求的理论考试。

4)通过了相应的超视距等级要求的实践考试。

D. 教员等级可以行使相同类别及分类等级的超视距等级持有人的所有权利。在驾驶员执照上增加教员等级,或在增加教员等级的同时增加类别或分类等级的申请人应当符合下列规定:

1)完成了相应执照类别和分类等级要求的教员等级训练,符合本规定附件 1 关于教员等级的飞行经历要求。

2)由授权教员在申请人的飞行经历记录本或者训练记录上签字,证明其在相应的教员等级的航空知识方面是合格的。

3)由授权教员在申请人的飞行经历记录本或者训练记录上签字,证明其在相应的教员等级的飞行技能和教学技能方面是合格的。

4)通过了相应的教员等级要求的理论考试。

5)通过了相应的教员等级要求的实践考试。

E. 在驾驶员执照上增加类别等级,或在增加类别等级同时增加分类等级,申请人应当符合下列规定:

1)完成了相应驾驶员等级及其类别和分类等级要求的训练,符合本规定的相应驾驶员等级及其类别和分类等级的航空经历要求。

2)由授权教员在申请人的飞行经历记录本和训练记录上签字,证明其在相应驾驶员等级及其类别和分类等级的航空知识方面是合格的。

3)由授权教员在申请人的飞行经历记录本和训练记录上签字,证明其在相应驾驶员等级及其类别和分类等级的飞行技能方面是合格的。

4)通过了相应驾驶员等级及其类别等级要求的理论考试。

5)通过了相应驾驶员等级及其类别和分类等级要求的实践考试。

F. 分类等级排列顺序由低到高依次为:Ⅲ、Ⅳ、Ⅺ、Ⅻ,高分类等级执照可行使低分类等级执照权利(不适用于Ⅴ分类等级)。在具备低分类等级的执照上增加高分类等级(不适用于Ⅴ分类等级),申请人应当符合下列规定:

1)完成了相应驾驶员等级及其类别和分类等级要求的训练,符合本规定关于相应驾驶员等级及其类别和分类等级的航空经历要求,相同类别低分类等级无人机驾驶员增加分类等级须具有操纵所申请分类等级无人机的飞行训练时间至少 10 小时,其中包含不少于 5 小时授权教员提供的带飞训练。

2)由授权教员在申请人的飞行经历记录本和训练记录上签字,证明其在相应驾驶员等级及其类别和分类等级的航空知识方面是合格的。

3)由授权教员在申请人的飞行经历记录本和训练记录上签字,证明其在相应驾驶员等级及其类别和分类等级的飞行技能方面是合格的。

4)通过了相应驾驶员等级及其类别和分类等级要求的实践考试。

G. 在驾驶员执照上增加 V 分类等级，申请人应当符合下列规定：

1）依据《轻小无人机运行规定（试行）》（AC-91-31），完成了由授权教员提供的驾驶员满足植保无人机要求的训练。

2）由授权教员在申请人的飞行经历记录本或者训练记录上签字，证明其在植保无人机运行相关航空知识方面是合格的。

3）由授权教员在申请人的飞行经历记录本或者训练记录上签字，证明其在植保无人机运行相关飞行技能方面是合格的。

4）由授权教员在申请人的飞行经历记录本和训练记录上签字，证明其已取得操纵相应类别 V 分类等级无人机至少 10 小时的实践飞行训练时间。

5）通过了相应类别等级植保无人机运行相关的理论考试。

5.8　执照和等级的申请与审批

A. 符合本规定相关条件的申请人，应当向局方提交申请执照或等级的申请，申请人对其申请材料实质内容的真实性负责，并按规定交纳相应的费用。

在递交申请时，申请人应当提交下述材料：

1）身份证明

2）学历证明（如要求）

3）相关无犯罪记录文件

4）理论考试合格的有效成绩单

5）原执照（如要求）

6）授权教员的资质证明

7）训练飞行活动的合法证明

8）飞行经历记录本

9）实践考试合格证明

B. 对于申请材料不齐全或者不符合格式要求的，局方在收到申请之后的 5 个工作日内一次性书面通知申请人需要补正的全部内容。逾期不通知即视为在收到申请书之日起即为受理。申请人按照局方的通知提交全部补正材料的，局方应当受理申请。局方不予受理申请，应当书面通知申请人。局方受理申请后，应当在 20 个工作日内对申请人的申请材料完成审查。在局方对申请材料的实质内容按照本规定进行核实时，申请人应当及时回答局方提出的问题。由于申请人不能及时回答问题所延误的时间不记入前述 20 个工作日的期限。对于申请材料及流程符合局方要求的，局方应于 20 个工作日内受理，并在受理后 20 个工作日内完成最终审查作出批准或不批准的最终决定。

C. 经局方批准，申请人可以取得相应的执照或等级。批准的无人机类别、分类等级或者其他备注由局方签注在申请人的执照上。

D. 由于飞行训练或者实践考试中所用无人机的特性，申请人不能完成规定的驾驶员操作动作，因此未能完全符合本规定相关飞行技能要求，但符合所申请执照或者等级的所有其他要求的，局方可以向其颁发签注有相应限制的执照或者等级。

5.9　飞行经历记录

申请人应于申请考试前提供满足执照或等级所要求的飞行经历证明。截止至 2018 年 12 月 31 日,局方接受由申请人与授权教员自行填写的飞行经历信息。自 2019 年 1 月 1 日起,申请人训练经历数据应接入无人机云交换系统,以满足申请执照或等级对飞行经历中带飞时间及单飞时间的要求。飞行经历记录填写规范参考《民用无人机驾驶员飞行经历记录填写规范》(附件 2)。

5.10　考试一般程序

按本规定进行的各项考试,应当由局方指定人员主持,并在指定的时间和地点进行。

A. 理论考试的通过成绩由局方确定,理论考试的实施程序参考《民用无人机驾驶员理论考试一般规定》(附件 3)。

B. 局方指定的考试员按照《民用无人机驾驶员实践考试一般规定》(附件 4)的程序,依据《民用无人机驾驶员实践考试标准》(附件 5)实施实践考试。

C. 局方依据《民用无人机驾驶员实践考试委任代表管理办法》(附件 6)委任与管理实施实践考试的考试员。

D. 局方依据《民用无人机驾驶员考试点管理办法》(附件 7)对理论及实践考试的考试点实施评估和清单制管理。

5.11　受到刑事处罚后执照的处理

本规定执照持有人受到刑事处罚期间,不得行使所持执照赋予的权利。

6　修订说明

2015 年 12 月 29 日,飞行标准司出台了《轻小无人机运行规定(试行)(AC-91-FS-2015-31)》,结合运行规定,为了进一步规范无人机驾驶员管理,对原《民用无人驾驶航空器系统驾驶员管理暂行规定(AC-61-FS-2013-20)》进行了第一次修订。修订的主要内容包括重新调整无人机分类和定义,新增管理机构管理备案制度,取消部分运行要求。

为进一步规范无人机驾驶员执照管理,在总结前期授权符合资质的行业协会对部分无人机驾驶员证照实施管理的创新监管模式经验的基础上,对原《民用无人机驾驶员管理规定(AC-61-FS-2016-20R1)》进行了第二次修订。修订的主要内容包括调整监管模式,完善由局方全面直接负责执照颁发的相关配套制度和标准,细化执照和等级颁发要求和程序,明确由行业协会颁发的原合格证转换为局方颁发的执照的原则和方法。

7　咨询通告施行

本咨询通告自发布之日起生效,2016 年 7 月 11 日发布的《民用无人机驾驶员管理规定》(AC-61-FS-2016-20R1)同时废止。

民用无人驾驶航空器实名制登记管理规定

1.总则

1.1　目的

为加强民用无人驾驶航空器(以下简称民用无人机)的管理,对民用无人机拥有者实施实名制登记,特制定本管理规定。

1.2 适用范围

本管理规定适用于在中华人民共和国境内最大起飞重量为250克以上(含250克)的民用无人机。

1.3 登记要求

自2017年6月1日起,民用无人机的拥有者必须按照本管理规定的要求进行实名登记。

2017年8月31日后,民用无人机拥有者,如果未按照本管理规定实施实名登记和粘贴登记标志的,其行为将被视为违反法规的非法行为,其无人机的使用将受影响,监管主管部门将按照相关规定进行处罚。

1.4 定义

1.4.1 民用无人机

民用无人机是指没有机载驾驶员操纵、自备飞行控制系统,并从事非军事、警察和海关飞行任务的航空器。不包括航空模型、无人驾驶自由气球和系留气球。

1.4.2 民用无人机拥有者

民用无人机拥有者是指民用无人机的所有权人,包括个人、依据中华人民共和国法律设立的企业法人/事业法人/机关法人和其它组织。

1.4.3 民用无人机最大起飞重量

民用无人机最大起飞重量是指根据无人机的设计或运行限制,无人机能够起飞时所容许的最大重量。

1.4.4 民用无人机空机重量

民用无人机空机重量是指无人机制造厂给出的无人机基本重量。除商载外,该无人机做好执行飞行任务的全部重量,包含标配电池重量和最大燃油重量。

2. 职责

2.1 中国民用航空局航空器适航审定司

(1) 制定民用无人机实名登记政策;

(2) 管理"中国民用航空局民用无人机实名登记信息系统"(以下简称无人机实名登记系统)。

2.2 民用无人机制造商

(1) 在"无人机实名登记系统"中填报其产品的名称、型号、最大起飞重量、空机重量、产品类型、无人机购买者姓名和移动电话等信息;

(2) 在产品外包装明显位置和产品说明书中,提醒拥有者在"无人机实名登记系统"中进行实名登记,警示不实名登记擅自飞行的危害;

(3) 随产品提供不干胶打印纸,供拥有者打印"无人机登记标志"。

2.3 民用无人机拥有者

(1) 依据本管理规定3.2的要求,在"无人机实名登记系统"进行实名登记;

(2) 依据本管理规定 3.4 的要求,在其拥有无人机上粘贴登记标志;

(3) 当发生本管理规定 3.5 所述情况,在"无人机实名登记系统"上更新无人机的信息。

3. 民用无人机实名登记要求

3.1 实名登记的流程

(1) 民用无人机制造商和民用无人机拥有者在"无人机实名登记系统"(https://uas.caac.gov.cn)上申请账户;

(2) 民用无人机制造商在该系统中填报其所有产品的信息;

(3) 民用无人机拥有者在该系统中实名登记其拥有产品的信息,并将系统给定的登记标志粘贴在无人机上。

3.2 实名登记的信息内容

3.2.1 民用无人机制造商填报信息

民用无人机制造商在"无人机实名登记系统"中填报的信息包括:

(1) 制造商名称、注册地址和联系方式;

(2) 产品名称和型号;

(3) 空机重量和最大起飞重量;

(4) 产品类别;

(5) 无人机购买者姓名和移动电话。

3.2.2 个人民用无人机拥有者登记信息

个人民用无人机拥有者在"无人机实名登记系统"中登记的信息包括:

(1) 拥有者姓名;

(2) 有效证件号码(如身份证号、护照号等);

(3) 移动电话和电子邮箱;

(4) 产品型号、产品序号;

(5) 使用目的。

3.2.3 单位民用无人机拥有者登记信息

单位民用无人机拥有者在"无人机实名登记系统"中登记的信息包括:

(1) 单位名称;

(2) 统一社会信用代码或者组织机构代码等;

(3) 移动电话和电子邮箱;

(4) 产品型号、产品序号;

(5) 使用目的。

3.3 民用无人机的登记标志

(1) 民用无人机登记标志包括登记号和登记二维码,民用无人机拥有者在"无人机实名登记系统"中完成信息填报后,系统自动给出包含登记号和二维码的登记标志图片,并发送到登记的邮箱。

(2) 民用无人机登记号是为区分民用无人机而给出的编号,对于序号(S/N)不同的民用无人机,登记号不同。民用无人机登记号共有 11 位字符,分为两部分:前三位为字母 UAS,后 8 位为阿拉伯数字,采用流水号形式,范围为 00000001～99999999,例如登记号 UAS00000003。

(3) 民用无人机登记二维码包括无人机制造商、产品型号、产品名称、产品序号、登记时间、拥有者姓名或单位名称、联系方式等信息。

3.4 民用无人机的标识要求

(1) 民用无人机拥有者在收到系统给出的包含登记号和二维码的登记标志图片后,将其打印为至少 2 厘米乘以 2 厘米的不干胶粘贴牌。

(2) 民用无人机拥有者将登记标志图片采用耐久性方法粘于无人机不易损伤的地方,且始终清晰可辨,亦便于查看。便于查看是指登记标志附着于一个不需要借助任何工具就能查看的部件之上。

(3) 民用无人机拥有者必须确保无人机每次运行期间均保持登记标志附着其上。

(4) 民用无人机登记号和二维码信息不得涂改、伪造或转让。

3.5 登记信息的更新

(1) 民用无人机发生出售、转让、损毁、报废、丢失或者被盗等情况,民用无人机拥有者应及时通过"无人机实名登记系统"注销该无人机的信息。

(2) 民用无人机的所有权发生转移后,变更后的所有人必须按照本管理规定的要求实名登记该民用无人机的信息。

4.附则

4.1 本管理规定由中国民用航空局航空器适航审定司负责解释。

4.2 本管理规定自 2017 年 5 月 16 日起生效。

民用无人驾驶航空器经营性飞行活动管理办法(暂行)

第一章 总 则

第一条 为了规范使用民用无人驾驶航空器(以下简称"无人驾驶航空器")从事经营性飞行活动,加强市场监管,促进无人驾驶航空器产业安全、有序、健康发展,依据《民航法》及无人驾驶航空器管理的有关规定,制定本办法。

第二条 本办法适用于在中华人民共和国境内(港澳台地区除外)使用最大空机重量为 250 克以上(含 250 克)的无人驾驶航空器开展航空喷洒(撒)、航空摄影、空中拍照、表演飞行等作业类和无人机驾驶员培训类的经营活动。

无人驾驶航空器开展载客类和载货类经营性飞行活动不适用本办法。

第三条 使用无人驾驶航空器开展本办法第二条所列的经营性飞行活动应当取得经营许可证,未取得经营许可证的,不得开展经营性飞行活动。

第四条 中国民用航空局(以下简称民航局)对无人驾驶航空器经营许可证实施统一监

督管理。中国民用航空地区管理局(以下简称民航地区管理局)负责实施辖区内的无人驾驶航空器经营许可证颁发及监管管理工作。

第二章 许可证申请条件及程序

第五条 取得无人驾驶航空器经营许可证,应当具备下列基本条件:

(一)从事经营活动的主体应当为企业法人,法定代表人为中国籍公民;

(二)企业应至少拥有一架无人驾驶航空器,且以该企业名称在中国民用航空局"民用无人驾驶航空器实名登记信息系统"中完成实名登记;

(三)具有行业主管部门或经其授权机构认可的培训能力(此款仅适用从事培训类经营活动);

(四)投保无人驾驶航空器地面第三人责任险。

第六条 具有下列情形之一的,不予受理无人驾驶航空器经营许可证申请:

(一)申请人提供虚假材料被驳回,一年内再次申请的;

(二)申请人以欺骗、贿赂等不正当手段取得经营许可证后被撤销,三年内再次申请的;

(三)因严重失信行为被列入民航行业信用管理"黑名单"的企业;

(四)法律、法规规定不予受理的其他情形。

第七条 申请人应当通过"民用无人驾驶航空器经营许可证管理系统"(https://uas.ga.caac.gov.cn)在线申请无人驾驶航空器经营许可证,申请人须在线填报以下信息,并确保申请材料及信息真实、合法、有效:

(一)企业法人基本信息;

(二)无人驾驶航空器实名登记号;

(三)无人机驾驶员培训机构认证编号(此款仅适用于培训类经营活动);

(四)投保地面第三人责任险承诺;

(五)企业拟开展的无人驾驶航空器经营项目。

第八条 民航地区管理局应当自申请人在线成功提交申请材料之日起二十日内作出是否准予许可的决定。准予许可的,申请人可在线获取电子经营许可证,不予许可的,申请人可在线查询原因。

第九条 无人驾驶航空器经营许可证所载事项需变更的,许可证持有人应当通过系统提出变更申请。

第十条 民航地区管理局应当自申请人在线成功提交变更申请之日起二十日内作出是否准予变更的决定。准予变更的,申请人可在线获取变更后的电子经营许可证,不予变更的,申请人可在线查询原因。

第三章 监督管理

第十一条 许可证持有人开展经营性飞行活动,应当遵守国家法律法规和无人驾驶航空器管理有关规定的要求,遵守空中运行秩序,确保安全。

第十二条　许可证持有人应持续符合取得经营许可证所需符合的条件。

第十三条　许可证持有人开展飞行活动,应当采取有效的环境保护措施。

第十四条　许可证持有人应在许可证列明的经营范围内开展经营活动。

第十五条　许可证持有人应在飞行活动结束后72小时内,通过系统报送相关作业信息。

第十六条　有下列情形之一的,民航地区管理局依法撤销企业经营许可证:

(一)向不具备许可条件的申请人颁发许可证的;

(二)依法可以撤销经营许可证的其他情形。

第十七条　许可证持有人有下列情形之一的,民航地区管理局应当依法办理经营许可证的注销手续:

(一)因破产、解散等原因被终止法人资格的;

(二)经营许可证依法被撤销的;

(三)经营许可证持有人自行申请注销的;

(四)法律、法规规定的应当注销的其他情形。

第十八条　无人驾驶航空器经营许可证不得涂改、出借、买卖或转让。

第十九条　许可证持有人应当在线打印无人驾驶航空器经营许可证,并置于公司住所或者营业场所的醒目位置。

第二十条　无人驾驶航空器经营许可证在未被依法吊销、撤销、注销等情况下,长期有效。

术语解释

航空喷洒(撒):以无人驾驶航空器作为搭载工具,使用专业设备将液体或固体干物料按特定技术要求从空中向地面目标喷雾或撒播的飞行活动。

航空摄影:以无人驾驶航空器作为搭载工具,使用专业设备获取地球地表反射、辐射以及散射电磁波信息的飞行活动。

空中拍照:以无人驾驶航空器作为搭载工具,使用专业设备获取空中影像资料的飞行活动。

表演飞行:以展示无人驾驶航空器性能、飞行技艺,普及航空知识和满足观众观赏为目的开展的无人驾驶航空器飞行活动。

驾驶员培训:训练机构通过培训驾驶技术及运行要求,以培养符合资质要求的无人机驾驶员为目的而开展的无人机飞行训练活动。

无人驾驶航空器飞行管理暂行条例

第一章　总　则

第一条　为了规范无人驾驶航空器飞行以及有关活动,促进无人驾驶航空器产业健康有序发展，维护航空安全、公共安全、国家安全，制定本条例。

第二条 在中华人民共和国境内从事无人驾驶航空器飞行以及有关活动，应当遵守本条例。

本条例所称无人驾驶航空器，是指没有机载驾驶员、自备动力系统的航空器。

无人驾驶航空器按照性能指标分为微型、轻型、小型、中型和大型。

第三条 无人驾驶航空器飞行管理工作应当坚持和加强党的领导，坚持总体国家安全观，坚持安全第一、服务发展、分类管理、协同监管的原则。

第四条 国家空中交通管理领导机构统一领导全国无人驾驶航空器飞行管理工作，组织协调解决无人驾驶航空器管理工作中的重大问题。

国务院民用航空、公安、工业和信息化、市场监督管理等部门按照职责分工负责全国无人驾驶航空器有关管理工作。

县级以上地方人民政府及其有关部门按照职责分工负责本行政区域内无人驾驶航空器有关管理工作。

各级空中交通管理机构按照职责分工负责本责任区内无人驾驶航空器飞行管理工作。

第五条 国家鼓励无人驾驶航空器科研创新及其成果的推广应用，促进无人驾驶航空器与大数据、人工智能等新技术融合创新。县级以上人民政府及其有关部门应当为无人驾驶航空器科研创新及其成果的推广应用提供支持。

国家在确保安全的前提下积极创新空域供给和使用机制，完善无人驾驶航空器飞行配套基础设施和服务体系。

第六条 无人驾驶航空器有关行业协会应当通过制定、实施团体标准等方式加强行业自律，宣传无人驾驶航空器管理法律法规及有关知识，增强有关单位和人员依法开展无人驾驶航空器飞行以及有关活动的意识。

第二章 民用无人驾驶航空器及操控员管理

第七条 国务院标准化行政主管部门和国务院其他有关部门按照职责分工组织制定民用无人驾驶航空器系统的设计、生产和使用的国家标准、行业标准。

第八条 从事中型、大型民用无人驾驶航空器系统的设计、生产、进口、飞行和维修活动，应当依法向国务院民用航空主管部门申请取得适航许可。

从事微型、轻型、小型民用无人驾驶航空器系统的设计、生产、进口、飞行、维修以及组装、拼装活动，无需取得适航许可，但相关产品应当符合产品质量法律法规的有关规定以及有关强制性国家标准。

从事民用无人驾驶航空器系统的设计、生产、使用活动，应当符合国家有关实名登记激活、飞行区域限制、应急处置、网络信息安全等规定，并采取有效措施减少大气污染物和噪声排放。

第九条 民用无人驾驶航空器系统生产者应当按照国务院工业和信息化主管部门的规定为其生产的无人驾驶航空器设置唯一产品识别码。

微型、轻型、小型民用无人驾驶航空器系统的生产者应当在无人驾驶航空器机体标注产品类型以及唯一产品识别码等信息,在产品外包装显著位置标明守法运行要求和风险警示。

第十条 民用无人驾驶航空器所有者应当依法进行实名登记,具体办法由国务院民用航空主管部门会同有关部门制定。

涉及境外飞行的民用无人驾驶航空器,应当依法进行国籍登记。

第十一条 使用除微型以外的民用无人驾驶航空器从事飞行活动的单位应当具备下列条件,并向国务院民用航空主管部门或者地区民用航空管理机构(以下统称民用航空管理部门)申请取得民用无人驾驶航空器运营合格证(以下简称运营合格证):

(一)有实施安全运营所需的管理机构、管理人员和符合本条例规定的操控人员;

(二)有符合安全运营要求的无人驾驶航空器及有关设施、设备;

(三)有实施安全运营所需的管理制度和操作规程,保证持续具备按照制度和规程实施安全运营的能力;

(四)从事经营性活动的单位,还应当为营利法人。

民用航空管理部门收到申请后,应当进行运营安全评估,根据评估结果依法作出许可或者不予许可的决定。予以许可的,颁发运营合格证;不予许可的,书面通知申请人并说明理由。

使用最大起飞重量不超过150千克的农用无人驾驶航空器在农林牧渔区域上方的适飞空域内从事农林牧渔作业飞行活动(以下称常规农用无人驾驶航空器作业飞行活动),无需取得运营合格证。

取得运营合格证后从事经营性通用航空飞行活动,以及从事常规农用无人驾驶航空器作业飞行活动,无需取得通用航空经营许可证和运行合格证。

第十二条 使用民用无人驾驶航空器从事经营性飞行活动,以及使用小型、中型、大型民用无人驾驶航空器从事非经营性飞行活动,应当依法投保责任保险。

第十三条 微型、轻型、小型民用无人驾驶航空器系统投放市场后,发现存在缺陷的,其生产者、进口商应当停止生产、销售,召回缺陷产品,并通知有关经营者、使用者停止销售、使用。生产者、进口商未依法实施召回的,由国务院市场监督管理部门依法责令召回。

中型、大型民用无人驾驶航空器系统不能持续处于适航状态的,由国务院民用航空主管部门依照有关适航管理的规定处理。

第十四条 对已经取得适航许可的民用无人驾驶航空器系统进行重大设计更改并拟将其用于飞行活动的,应当重新申请取得适航许可。

对微型、轻型、小型民用无人驾驶航空器系统进行改装的,应当符合有关强制性国家标准。民用无人驾驶航空器系统的空域保持能力、可靠被监视能力、速度或者高度等出厂性能以及参数发生改变的,其所有者应当及时在无人驾驶航空器一体化综合监管服务平台更新性能、参数信息。

改装民用无人驾驶航空器的,应当遵守改装后所属类别的管理规定。

第十五条 生产、维修、使用民用无人驾驶航空器系统,应当遵守无线电管理法律法规以及国家有关规定。但是,民用无人驾驶航空器系统使用国家无线电管理机构确定的特定无线电频率,且有关无线电发射设备取得无线电发射设备型号核准的,无需取得无线电频率使用许可和无线电台执照。

第十六条　操控小型、中型、大型民用无人驾驶航空器飞行的人员应当具备下列条件,并向国务院民用航空主管部门申请取得相应民用无人驾驶航空器操控员(以下简称操控员)执照:

(一)具备完全民事行为能力;

(二)接受安全操控培训,并经民用航空管理部门考核合格;

(三)无可能影响民用无人驾驶航空器操控行为的疾病病史,无吸毒行为记录;

(四)近5年内无因危害国家安全、公共安全或者侵犯公民人身权利、扰乱公共秩序的故意犯罪受到刑事处罚的记录。

从事常规农用无人驾驶航空器作业飞行活动的人员无需取得操控员执照,但应当由农用无人驾驶航空器系统生产者按照国务院民用航空、农业农村主管部门规定的内容进行培训和考核,合格后取得操作证书。

第十七条　操控微型、轻型民用无人驾驶航空器飞行的人员,无需取得操控员执照,但应当熟练掌握有关机型操作方法,了解风险警示信息和有关管理制度。

无民事行为能力人只能操控微型民用无人驾驶航空器飞行,限制民事行为能力人只能操控微型、轻型民用无人驾驶航空器飞行。无民事行为能力人操控微型民用无人驾驶航空器飞行或者限制民事行为能力人操控轻型民用无人驾驶航空器飞行,应当由符合前款规定条件的完全民事行为能力人现场指导。

操控轻型民用无人驾驶航空器在无人驾驶航空器管制空域内飞行的人员,应当具有完全民事行为能力,并按照国务院民用航空主管部门的规定经培训合格。

第三章　空域和飞行活动管理

第十八条　划设无人驾驶航空器飞行空域应当遵循统筹配置、安全高效原则,以隔离飞行为主,兼顾融合飞行需求,充分考虑飞行安全和公众利益。

划设无人驾驶航空器飞行空域应当明确水平、垂直范围和使用时间。

空中交通管理机构应当为无人驾驶航空器执行军事、警察、海关、应急管理飞行任务优先划设空域。

第十九条　国家根据需要划设无人驾驶航空器管制空域(以下简称管制空域)。

真高120米以上空域,空中禁区、空中限制区以及周边空域,军用航空超低空飞行空域,以及下列区域上方的空域应当划设为管制空域:

(一)机场以及周边一定范围的区域;

(二)国界线、实际控制线、边境线向我方一侧一定范围的区域;

(三)军事禁区、军事管理区、监管场所等涉密单位以及周边一定范围的区域;

(四)重要军工设施保护区域、核设施控制区域、易燃易爆等危险品的生产和仓储区域,

以及可燃重要物资的大型仓储区域;

(五)发电厂、变电站、加油(气)站、供水厂、公共交通枢纽、航电枢纽、重大水利设施、港口、高速公路、铁路电气化线路等公共基础设施以及周边一定范围的区域和饮用水水源保护区;

(六)射电天文台、卫星测控(导航)站、航空无线电导航台、雷达站等需要电磁环境特殊保护的设施以及周边一定范围的区域;

(七)重要革命纪念地、重要不可移动文物以及周边一定范围的区域;

(八)国家空中交通管理领导机构规定的其他区域。

管制空域的具体范围由各级空中交通管理机构按照国家空中交通管理领导机构的规定确定,由设区的市级以上人民政府公布,民用航空管理部门和承担相应职责的单位发布航行情报。

未经空中交通管理机构批准,不得在管制空域内实施无人驾驶航空器飞行活动。

管制空域范围以外的空域为微型、轻型、小型无人驾驶航空器的适飞空域(以下简称适飞空域)。

第二十条 遇有特殊情况,可以临时增加管制空域,由空中交通管理机构按照国家有关规定确定有关空域的水平、垂直范围和使用时间。

保障国家重大活动以及其他大型活动的,在临时增加的管制空域生效 24 小时前,由设区的市级以上地方人民政府发布公告,民用航空管理部门和承担相应职责的单位发布航行情报。

保障执行军事任务或者反恐维稳、抢险救灾、医疗救护等其他紧急任务的,在临时增加的管制空域生效 30 分钟前,由设区的市级以上地方人民政府发布紧急公告,民用航空管理部门和承担相应职责的单位发布航行情报。

第二十一条 按照国家空中交通管理领导机构的规定需要设置管制空域的地面警示标志的,设区的市级人民政府应当组织设置并加强日常巡查。

第二十二条 无人驾驶航空器通常应当与有人驾驶航空器隔离飞行。

属于下列情形之一的,经空中交通管理机构批准,可以进行融合飞行:

(一)根据任务或者飞行课目需要,警察、海关、应急管理部门辖有的无人驾驶航空器与本部门、本单位使用的有人驾驶航空器在同一空域或者同一机场区域的飞行;

(二)取得适航许可的大型无人驾驶航空器的飞行;

(三)取得适航许可的中型无人驾驶航空器不超过真高 300 米的飞行;

(四)小型无人驾驶航空器不超过真高 300 米的飞行;

(五)轻型无人驾驶航空器在适飞空域上方不超过真高 300 米的飞行。

属于下列情形之一的,进行融合飞行无需经空中交通管理机构批准:

(一)微型、轻型无人驾驶航空器在适飞空域内的飞行;

(二)常规农用无人驾驶航空器作业飞行活动。

第二十三条 国家空中交通管理领导机构统筹建设无人驾驶航空器一体化综合监管服

务平台,对全国无人驾驶航空器实施动态监管与服务。

空中交通管理机构和民用航空、公安、工业和信息化等部门、单位按照职责分工采集无人驾驶航空器生产、登记、使用的有关信息,依托无人驾驶航空器一体化综合监管服务平台共享,并采取相应措施保障信息安全。

第二十四条 除微型以外的无人驾驶航空器实施飞行活动,操控人员应当确保无人驾驶航空器能够按照国家有关规定向无人驾驶航空器一体化综合监管服务平台报送识别信息。

微型、轻型、小型无人驾驶航空器在飞行过程中应当广播式自动发送识别信息。

第二十五条 组织无人驾驶航空器飞行活动的单位或者个人应当遵守有关法律法规和规章制度,主动采取事故预防措施,对飞行安全承担主体责任。

第二十六条 除本条例第三十一条另有规定外,组织无人驾驶航空器飞行活动的单位或者个人应当在拟飞行前1日12时前向空中交通管理机构提出飞行活动申请。空中交通管理机构应当在飞行前1日21时前作出批准或者不予批准的决定。

按照国家空中交通管理领导机构的规定在固定空域内实施常态飞行活动的,可以提出长期飞行活动申请,经批准后实施,并应当在拟飞行前1日12时前将飞行计划报空中交通管理机构备案。

第二十七条 无人驾驶航空器飞行活动申请应当包括下列内容:

(一)组织飞行活动的单位或者个人、操控人员信息以及有关资质证书;

(二)无人驾驶航空器的类型、数量、主要性能指标和登记管理信息;

(三)飞行任务性质和飞行方式,执行国家规定的特殊通用航空飞行任务的还应当提供有效的任务批准文件;

(四)起飞、降落和备降机场(场地);

(五)通信联络方法;

(六)预计飞行开始、结束时刻;

(七)飞行航线、高度、速度和空域范围,进出空域方法;

(八)指挥控制链路无线电频率以及占用带宽;

(九)通信、导航和被监视能力;

(十)安装二次雷达应答机或者有关自动监视设备的,应当注明代码申请;

(十一)应急处置程序;

(十二)特殊飞行保障需求;

(十三)国家空中交通管理领导机构规定的与空域使用和飞行安全有关的其他必要信息。

第二十八条 无人驾驶航空器飞行活动申请按照下列权限批准:

(一)在飞行管制分区内飞行的,由负责该飞行管制分区的空中交通管理机构批准;

(二)超出飞行管制分区在飞行管制区内飞行的,由负责该飞行管制区的空中交通管理机构批准;

(三)超出飞行管制区飞行的,由国家空中交通管理领导机构授权的空中交通管理机构批准。

第二十九条 使用无人驾驶航空器执行反恐维稳、抢险救灾、医疗救护等紧急任务的,应当在计划起飞30分钟前向空中交通管理机构提出飞行活动申请。空中交通管理机构应当在起飞10分钟前作出批准或者不予批准的决定。执行特别紧急任务的,使用单位可以随时提出飞行活动申请。

第三十条 飞行活动已获得批准的单位或者个人组织无人驾驶航空器飞行活动的,应当在计划起飞1小时前向空中交通管理机构报告预计起飞时刻和准备情况,经空中交通管理机构确认后方可起飞。

第三十一条 组织无人驾驶航空器实施下列飞行活动,无需向空中交通管理机构提出飞行活动申请:

(一)微型、轻型、小型无人驾驶航空器在适飞空域内的飞行活动;

(二)常规农用无人驾驶航空器作业飞行活动;

(三)警察、海关、应急管理部门辖有的无人驾驶航空器,在其驻地、地面(水面)训练场、靶场等上方不超过真高120米的空域内的飞行活动;但是,需在计划起飞1小时前经空中交通管理机构确认后方可起飞;

(四)民用无人驾驶航空器在民用运输机场管制地带内执行巡检、勘察、校验等飞行任务;但是,需定期报空中交通管理机构备案,并在计划起飞1小时前经空中交通管理机构确认后方可起飞。

前款规定的飞行活动存在下列情形之一的,应当依照本条例第二十六条的规定提出飞行活动申请:

(一)通过通信基站或者互联网进行无人驾驶航空器中继飞行;

(二)运载危险品或者投放物品(常规农用无人驾驶航空器作业飞行活动除外);

(三)飞越集会人群上空;

(四)在移动的交通工具上操控无人驾驶航空器;

(五)实施分布式操作或者集群飞行。

微型、轻型无人驾驶航空器在适飞空域内飞行的,无需取得特殊通用航空飞行任务批准文件。

第三十二条 操控无人驾驶航空器实施飞行活动,应当遵守下列行为规范:

(一)依法取得有关许可证书、证件,并在实施飞行活动时随身携带备查;

(二)实施飞行活动前做好安全飞行准备,检查无人驾驶航空器状态,并及时更新电子围栏等信息;

(三)实时掌握无人驾驶航空器飞行动态,实施需经批准的飞行活动应当与空中交通管理机构保持通信联络畅通,服从空中交通管理,飞行结束后及时报告;

(四)按照国家空中交通管理领导机构的规定保持必要的安全间隔;

(五)操控微型无人驾驶航空器的,应当保持视距内飞行;

（六）操控小型无人驾驶航空器在适飞空域内飞行的，应当遵守国家空中交通管理领导机构关于限速、通信、导航等方面的规定；

（七）在夜间或者低能见度气象条件下飞行的，应当开启灯光系统并确保其处于良好工作状态；

（八）实施超视距飞行的，应当掌握飞行空域内其他航空器的飞行动态，采取避免相撞的措施；

（九）受到酒精类饮料、麻醉剂或者其他药物影响时，不得操控无人驾驶航空器；

（十）国家空中交通管理领导机构规定的其他飞行活动行为规范。

第三十三条 操控无人驾驶航空器实施飞行活动，应当遵守下列避让规则：

（一）避让有人驾驶航空器、无动力装置的航空器以及地面、水上交通工具；

（二）单架飞行避让集群飞行；

（三）微型无人驾驶航空器避让其他无人驾驶航空器；

（四）国家空中交通管理领导机构规定的其他避让规则。

第三十四条 禁止利用无人驾驶航空器实施下列行为：

（一）违法拍摄军事设施、军工设施或者其他涉密场所；

（二）扰乱机关、团体、企业、事业单位工作秩序或者公共场所秩序；

（三）妨碍国家机关工作人员依法执行职务；

（四）投放含有违反法律法规规定内容的宣传品或者其他物品；

（五）危及公共设施、单位或者个人财产安全；

（六）危及他人生命健康，非法采集信息，或者侵犯他人其他人身权益；

（七）非法获取、泄露国家秘密，或者违法向境外提供数据信息；

（八）法律法规禁止的其他行为。

第三十五条 使用民用无人驾驶航空器从事测绘活动的单位依法取得测绘资质证书后，方可从事测绘活动。

外国无人驾驶航空器或者由外国人员操控的无人驾驶航空器不得在我国境内实施测绘、电波参数测试等飞行活动。

第三十六条 模型航空器应当在空中交通管理机构为航空飞行营地划定的空域内飞行，但国家空中交通管理领导机构另有规定的除外。

第四章 监督管理和应急处置

第三十七条 国家空中交通管理领导机构应当组织有关部门、单位在无人驾驶航空器一体化综合监管服务平台上向社会公布审批事项、申请办理流程、受理单位、联系方式、举报受理方式等信息并及时更新。

第三十八条 任何单位或者个人发现违反本条例规定行为的，可以向空中交通管理机构、民用航空管理部门或者当地公安机关举报。收到举报的部门、单位应当及时依法作出处理；不属于本部门、本单位职责的，应当及时移送有权处理的部门、单位。

第三十九条 空中交通管理机构、民用航空管理部门以及县级以上公安机关应当制定有关无人驾驶航空器飞行安全管理的应急预案,定期演练,提高应急处置能力。

县级以上地方人民政府应当将无人驾驶航空器安全应急管理纳入突发事件应急管理体系,健全信息互通、协同配合的应急处置工作机制。

无人驾驶航空器系统的设计者、生产者,应当确保无人驾驶航空器具备紧急避让、降落等应急处置功能,避免或者减轻无人驾驶航空器发生事故时对生命财产的损害。

使用无人驾驶航空器的单位或者个人应当按照有关规定,制定飞行紧急情况处置预案,落实风险防范措施,及时消除安全隐患。

第四十条 无人驾驶航空器飞行发生异常情况时,组织飞行活动的单位或者个人应当及时处置,服从空中交通管理机构的指令;导致发生飞行安全问题的,组织飞行活动的单位或者个人还应当在无人驾驶航空器降落后 24 小时内向空中交通管理机构报告有关情况。

第四十一条 对空中不明情况和无人驾驶航空器违规飞行,公安机关在条件有利时可以对低空目标实施先期处置,并负责违规飞行无人驾驶航空器落地后的现场处置。有关军事机关、公安机关、国家安全机关等单位按职责分工组织查证处置,民用航空管理等其他有关部门应当予以配合。

第四十二条 无人驾驶航空器违反飞行管理规定、扰乱公共秩序或者危及公共安全的,空中交通管理机构、民用航空管理部门和公安机关可以依法采取必要技术防控、扣押有关物品、责令停止飞行、查封违法活动场所等紧急处置措施。

第四十三条 军队、警察以及按照国家反恐怖主义工作领导机构有关规定由公安机关授权的高风险反恐怖重点目标管理单位,可以依法配备无人驾驶航空器反制设备,在公安机关或者有关军事机关的指导监督下从严控制设置和使用。

无人驾驶航空器反制设备配备、设置、使用以及授权管理办法,由国务院工业和信息化、公安、国家安全、市场监督管理部门会同国务院有关部门、有关军事机关制定。

任何单位或者个人不得非法拥有、使用无人驾驶航空器反制设备。

第五章 法律责任

第四十四条 违反本条例规定,从事中型、大型民用无人驾驶航空器系统的设计、生产、进口、飞行和维修活动,未依法取得适航许可的,由民用航空管理部门责令停止有关活动,没收违法所得,并处无人驾驶航空器系统货值金额 1 倍以上 5 倍以下的罚款;情节严重的,责令停业整顿。

第四十五条 违反本条例规定,民用无人驾驶航空器系统生产者未按照国务院工业和信息化主管部门的规定为其生产的无人驾驶航空器设置唯一产品识别码的,由县级以上人民政府工业和信息化主管部门责令改正,没收违法所得,并处 3 万元以上 30 万元以下的罚款;拒不改正的,责令停业整顿。

第四十六条 违反本条例规定,对已经取得适航许可的民用无人驾驶航空器系统进行重大设计更改,未重新申请取得适航许可并将其用于飞行活动的,由民用航空管理部门责令改正，处无人驾驶航空器系统货值金额1倍以上5倍以下的罚款。

违反本条例规定，改变微型、轻型、小型民用无人驾驶航空器系统的空域保持能力、可靠被监视能力、速度或者高度等出厂性能以及参数，未及时在无人驾驶航空器一体化综合监管服务平台更新性能、参数信息的，由民用航空管理部门责令改正；拒不改正的，处2000元以上2万元以下的罚款。

第四十七条 违反本条例规定，民用无人驾驶航空器未经实名登记实施飞行活动的，由公安机关责令改正，可以处200元以下的罚款；情节严重的，处2000元以上2万元以下的罚款。

违反本条例规定，涉及境外飞行的民用无人驾驶航空器未依法进行国籍登记的，由民用航空管理部门责令改正，处1万元以上10万元以下的罚款。

第四十八条 违反本条例规定，民用无人驾驶航空器未依法投保责任保险的，由民用航空管理部门责令改正，处2000元以上2万元以下的罚款；情节严重的，责令从事飞行活动的单位停业整顿直至吊销其运营合格证。

第四十九条 违反本条例规定，未取得运营合格证或者违反运营合格证的要求实施飞行活动的，由民用航空管理部门责令改正，处5万元以上50万元以下的罚款；情节严重的，责令停业整顿直至吊销其运营合格证。

第五十条 无民事行为能力人、限制民事行为能力人违反本条例规定操控民用无人驾驶航空器飞行的，由公安机关对其监护人处500元以上5000元以下的罚款；情节严重的，没收实施违规飞行的无人驾驶航空器。

违反本条例规定，未取得操控员执照操控民用无人驾驶航空器飞行的，由民用航空管理部门处5000元以上5万元以下的罚款；情节严重的，处1万元以上10万元以下的罚款。

违反本条例规定，超出操控员执照载明范围操控民用无人驾驶航空器飞行的，由民用航空管理部门处2000元以上2万元以下的罚款，并处暂扣操控员执照6个月至12个月；情节严重的，吊销其操控员执照，2年内不受理其操控员执照申请。

违反本条例规定，未取得操作证书从事常规农用无人驾驶航空器作业飞行活动的，由县级以上地方人民政府农业农村主管部门责令停止作业，并处1000元以上1万元以下的罚款。

第五十一条 组织飞行活动的单位或者个人违反本条例第三十二条、第三十三条规定的，由民用航空管理部门责令改正，可以处1万元以下的罚款；拒不改正的，处1万元以上5万元以下的罚款，并处暂扣运营合格证、操控员执照1个月至3个月；情节严重的，由空中交通管理机构责令停止飞行6个月至12个月，由民用航空管理部门处5万元以上10万元以下的罚款，并可以吊销相应许可证件，2年内不受理其相应许可申请。

违反本条例规定，未经批准操控微型、轻型、小型民用无人驾驶航空器在管制空域内飞行，或者操控模型航空器在空中交通管理机构划定的空域外飞行的，由公安机关责令停止飞行，可以处500元以下的罚款；情节严重的，没收实施违规飞行的无人驾驶航空器，并处1000元以上1万元以下的罚款。

第五十二条　违反本条例规定,非法拥有、使用无人驾驶航空器反制设备的,由无线电管理机构、公安机关按照职责分工予以没收,可以处5万元以下的罚款;情节严重的,处5万元以上20万元以下的罚款。

第五十三条　违反本条例规定,外国无人驾驶航空器或者由外国人员操控的无人驾驶航空器在我国境内实施测绘飞行活动的,由县级以上人民政府测绘地理信息主管部门责令停止违法行为,没收违法所得、测绘成果和实施违规飞行的无人驾驶航空器,并处10万元以上50万元以下的罚款;情节严重的,并处50万元以上100万元以下的罚款,由公安机关、国家安全机关按照职责分工决定限期出境或者驱逐出境。

第五十四条　生产、改装、组装、拼装、销售和召回微型、轻型、小型民用无人驾驶航空器系统,违反产品质量或者标准化管理等有关法律法规的,由县级以上人民政府市场监督管理部门依法处罚。

除根据本条例第十五条的规定无需取得无线电频率使用许可和无线电台执照的情形以外,生产、维修、使用民用无人驾驶航空器系统,违反无线电管理法律法规以及国家有关规定的,由无线电管理机构依法处罚。

无人驾驶航空器飞行活动违反军事设施保护法律法规的,依照有关法律法规的规定执行。

第五十五条　违反本条例规定,有关部门、单位及其工作人员在无人驾驶航空器飞行以及有关活动的管理工作中滥用职权、玩忽职守、徇私舞弊或者有其他违法行为的,依法给予处分。

第五十六条　违反本条例规定,构成违反治安管理行为的,由公安机关依法给予治安管理处罚;构成犯罪的,依法追究刑事责任;造成人身、财产或者其他损害的,依法承担民事责任。

第六章　附　　则

第五十七条　在我国管辖的其他空域内实施无人驾驶航空器飞行活动,应当遵守本条例的有关规定。

无人驾驶航空器在室内飞行不适用本条例。

自备动力系统的飞行玩具适用本条例的有关规定,具体办法由国务院工业和信息化主管部门、有关空中交通管理机构会同国务院公安、民用航空主管部门制定。

第五十八条　无人驾驶航空器飞行以及有关活动,本条例没有规定的,适用《中华人民共和国民用航空法》《中华人民共和国飞行基本规则》《通用航空飞行管制条例》以及有关法律、行政法规。

第五十九条　军用无人驾驶航空器的管理,国务院、中央军事委员会另有规定的,适用其规定。

警察、海关、应急管理部门辖有的无人驾驶航空器的适航、登记、操控员等事项的管理办法,由国务院有关部门另行制定。

第六十条　模型航空器的分类、生产、登记、操控人员、航空飞行营地等事项的管理办法,由国务院体育主管部门会同有关空中交通管理机构,国务院工业和信息化、公安、民用航空主管部门另行制定。

第六十一条　本条例施行前生产的民用无人驾驶航空器不能按照国家有关规定自动向无人驾驶航空器一体化综合监管服务平台报送识别信息的,实施飞行活动应当依照本条例的规定向空中交通管理机构提出飞行活动申请,经批准后方可飞行。

第六十二条　本条例下列用语的含义:

(一)空中交通管理机构,是指军队和民用航空管理部门内负责有关责任区空中交通管理的机构。

(二)微型无人驾驶航空器,是指空机重量小于 0.25 千克,最大飞行真高不超过 50 米,最大平飞速度不超过 40 千米/小时,无线电发射设备符合微功率短距离技术要求,全程可以随时人工介入操控的无人驾驶航空器。

(三)轻型无人驾驶航空器,是指空机重量不超过 4 千克且最大起飞重量不超过 7 千克,最大平飞速度不超过 100 千米/小时,具备符合空域管理要求的空域保持能力和可靠被监视能力,全程可以随时人工介入操控的无人驾驶航空器,但不包括微型无人驾驶航空器。

(四)小型无人驾驶航空器,是指空机重量不超过 15 千克且最大起飞重量不超过 25 千克,具备符合空域管理要求的空域保持能力和可靠被监视能力,全程可以随时人工介入操控的无人驾驶航空器,但不包括微型、轻型无人驾驶航空器。

(五)中型无人驾驶航空器,是指最大起飞重量不超过 150 千克的无人驾驶航空器,但不包括微型、轻型、小型无人驾驶航空器。

(六)大型无人驾驶航空器,是指最大起飞重量超过 150 千克的无人驾驶航空器。

(七)无人驾驶航空器系统,是指无人驾驶航空器以及与其有关的遥控台(站)、任务载荷和控制链路等组成的系统。其中,遥控台(站)是指遥控无人驾驶航空器的各种操控设备(手段)以及有关系统组成的整体。

(八)农用无人驾驶航空器,是指最大飞行真高不超过 30 米,最大平飞速度不超过 50 千米/小时,最大飞行半径不超过 2000 米,具备空域保持能力和可靠被监视能力,专门用于植保、播种、投饵等农林牧渔作业,全程可以随时人工介入操控的无人驾驶航空器。

(九)隔离飞行,是指无人驾驶航空器与有人驾驶航空器不同时在同一空域内的飞行。

(十)融合飞行,是指无人驾驶航空器与有人驾驶航空器同时在同一空域内的飞行。

(十一)分布式操作,是指把无人驾驶航空器系统操作分解为多个子业务,部署在多个站点或者终端进行协同操作的模式。

(十二)集群,是指采用具备多台无人驾驶航空器操控能力的同一系统或者平台,为了处理同一任务,以各无人驾驶航空器操控数据互联协同处理为特征,在同一时间内并行操控多台无人驾驶航空器以相对物理集中的方式进行飞行的无人驾驶航空器运行模式。

(十三)模型航空器,也称航空模型,是指有尺寸和重量限制,不能载人,不具有高度保持和位置保持飞行功能的无人驾驶航空器,包括自由飞、线控、直接目视视距内人工不间断遥控、借助第一视角人工不间断遥控的模型航空器等。

（十四）无人驾驶航空器反制设备，是指专门用于防控无人驾驶航空器违规飞行，具有干扰、截控、捕获、摧毁等功能的设备。

（十五）空域保持能力，是指通过电子围栏等技术措施控制无人驾驶航空器的高度与水平范围的能力。

第六十三条　本条例自2024年1月1日起施行。

参考文献

[1] 冯秀.无人机结构与系统[M].北京:机械工业出版社,2019.

[2] 谢础,贾玉红.航空航天技术概论[M].2版.北京:北京航空航天大学出版社,2008.

[3] 孙毅.无人机驾驶员航空知识手册[M].北京:中国民航出版社,2014.

[4] 张胜逊,戴伟军.无人机综合应用[M].武汉:华中科技大学出版社,2020.

[5] 刘天华.我国民用无人机空域管理法律制度的问题与对策[D].北京:北京交通大学,2021.

[6] 郑派,张磊,于丹,等.民用无人机管理的地方立法研究[A/OL].https://sfj.sh.gov.cn/ztzl_xsqk/20201126/7051dc7e8695467b9a013285db6f1013.html.

[7] 吴参毅.无人机概念及应用现状[J].中国安防,2020(8):86-91.

[8] 童话,李怀义,倪斌.关于消防无人机限制空域使用申请的实践探索[J].今日消防,2023,8(8):1-4.

[9] 周宵鹏.无人机"黑飞"造成国防战备资源损失:廊坊中院公开宣判一起侵害国防和军事利益民事公益诉讼案[N].法治日报,2023-12-13(004).

[10] 《民用无人驾驶航空器实名制登记管理规定》发布[J].中国传媒科技,2017(5):7.

[11] 周超,张美红.民用多旋翼无人机驾驶员培训体系研究[J].现代职业教育,2017(12):26-27.

[12] 马颖.中国民用无人机监管体系构建初探[J].法制与社会,2019(9):133-134.

[13] 民航局发布《关于征求〈民用无人驾驶航空器从事经营性飞行活动管理办法(暂行)〉意见的通知》[J].上海安全生产,2017(9):38-39.

[14] 杨馨宇,孙宝明.无人机在安防行业应用的机遇与挑战[J].中国安防,2022(12):19-22.